Der Fürst

NICCOLO MACHIAVELLI

Der Fürst, N. Machiavelli
Jazzybee Verlag Jürgen Beck
86450 Altenmünster, Loschberg 9
Deutschland

Druck: Createspace,
North Charleston, SC, USA

ISBN: 9783849698584

www.jazzybee-verlag.de
www.facebook.com/jazzybeeverlag
admin@jazzybee-verlag.de

INHALT

WIDMUNG

Es pflegten meist Die, so sich bei einem Fürsten um Gunst bewerben, mit solchen Dingen ihm zu nahen, die ihnen selbst am theuersten sind, oder an denen sie sehen, daß er das meiste Wohlgefallen findet. Daher man ihnen denn öfters Pferde, Waffen, Goldstoff, edle Steine und ähnlichen Schmuck überreichen sieht, der ihrer Hoheit würdig sey. Indem nun ich auch irgend ein Zeugniß meiner Ergebenheit Eurer Erlaucht zu widmen mich gedrungen fühle, finde ich unter meinem Besitze nichts, was mir lieber und schätzbarer wäre, als die Erkenntniß der Handlungen wichtiger Menschen, wie ich dieselbe durch eine lange Erfahrung der neuen, und stete Betrachtung der alten Zeit mir erworben habe: welche ich lange mit großem Fleiße bedacht und erwogen, und jetzt zusammen in einen kleinen Band gebracht, Eurer Erlaucht überantworte. Und obschon ich dieses Werk für unwerth einer solcher Person erkenne, vertraue ich doch zur Genüge darauf, es werde Denselben, nach Ihrer Milde, willkommen seyn, in dem Verdacht, daß Ihnen von mir kein größeres Geschenk zukommen kann, als die Gelegenheit, alles was ich in so viel Jahren und unter so viel eignen Gefahr und Beschwer erkannt und beherzigt habe, in kürzester Zeit überblicken zu können. Ich habe dieses Werk nicht geschmückt mit einer Fülle weitläufiger Reden, hochtrabender und prächtiger Worte, noch sonst mit einem andern Prunk auswendiger Verzierungen, womit so Manche ihre Sachen zu schreiben und zu schminken pflegen; weil ich gewollt, daß es entweder durch gar nichts sich empfehlen soll, oder die Wahrheit der Sachen allein und die Würde des Vorwurfs es angenehm mache. Auch möge es nicht als Anmaßung gelten, wenn sich ein untergeordneter Mann von niedrigstem Stande dazu aufwirft, der Fürsten Regierungen durchzugehen und ihnen Regeln geben zu wollen. Denn, wie Die, welche die Landschaft zeichnen, sich niedrig in die Ebene stellen, um die Natur der Berge und Höhen gewahr zu werden, hingegen den Standpunkt auf Bergen in der Höhe nehmen, wenn sie die Ebnen betrachten wollen, so muß man auch, um die Natur der Völker wohl zu erkennen, Fürst seyn; und ein Gemeiner muß man seyn, um die der Fürsten wohl zu erkennen. Nehme Ew. Erlaucht demnach dies kleine Geschenk in dem Sinne an, in welchem ich es Denselben biete. Wenn Sie es fleißig bedenken und lesen, wird Ihnen mein eifrigster Wunsch darin sichtbar, daß Sie die Größe erreichen mögen, die Ihnen sowohl das Glück verheißt, als Ihre übrigen Eigenschaften. Und wenn die Blicke Ew. Erlaucht vom Gipfel Ihrer Hoheit bisweilen nach diesen niedern Orten sich wenden, werden sie finden, wie unverschuldet ich eine große und dauernde Anbilligkeit des Geschicks ertrage.

ERSTES KAPITEL.

*Wie viele Gattungen von Fürstenthümern es giebt,
und auf welche Arten sie erworben werden.*

Alle Staaten, alle Gewalten, die über die Menschen Herrschaft geübt
oder noch üben, waren und sind entweder Republiken oder Fürstenthümer.
Die Fürstenthümer sind entweder erbliche, in denen ihres Herren
Geschlecht seit langen Zeiten Fürsten gewesen, oder sind neue. Die neuen
sind entweder durchaus neu, wie Mailand unter Francesco Sforza, oder sie
werden als Glieder dem Erbstaat des Fürsten, der sie erwirbt, verbunden; so
wie dem Könige von Spanien das Neapolitanische Königreich. Die so
erworbenen Herrschaften sind entweder schon daran gewöhnt, unter einem
Fürsten zu leben, oder in Freiheit hergekommen; und man erwirbt sie
entweder mit fremder, oder mit eigener Waffengewalt, entweder durch
Glück, oder durch Tugend.

ZWEYTES KAPITEL.

Von den erblichen Fürstenthümern.

Ich will die Betrachtung der Republiken bei Seite lassen, weil ich davon schon anderswo ausführlicher gehandelt habe. Ich wende mich einzig zum Fürstenthum, und will, mit Wiederanknüpfung der obigen Fäden, zu zeigen suchen, wie man gedachte Fürstenthümer verwalten und behaupten kann. Also sage ich: daß in den erblichen, an den Stamm ihres Fürsten gewöhnten Staaten weit wenigere Schwierigkeiten sie zu behaupten sind, als in den neuen: weil schon genug ist, daß man nicht seiner Vorgänger Ordnung überschreite, und dann Schritt mit den Umständen halte. Dergestalt wird sich ein solcher Fürst, wenn er nur mäßiges Geschick hat, immer in seinem Staate behaupten, wenn nicht eine außerordentliche und übergewaltige Macht ihn darum bringt; und, wär er auch schon darum gebracht, wird er ihn durch das geringste Unglück des Occupanten wieder erlangen. Wir haben in Italien das Beispiel am Herzog von Ferrara, welcher den Einfällen der Venezianer i. J. 84, und denen Papst Julius X. aus keinem anderen Grunde widerstand, als weil er alter Landesherr war. Denn es hat der natürliche Fürst geringeren Anlaß und weniger nöthig, den Unterthanen Anstoß zu geben; daher er mehr geliebt seyn muß: und wenn er durch ungewöhnliche Laster sich nicht verhaßt macht, so ist es der Vernunft gemäß, daß von Natur ihm die Seinen geneigt sind: und im Alterthum und der Dauer der Herrschaft erlischt das Gedächtniß der Neuerungen, sowie die Gründe zu denselben. Weil immer Eine Veränderung zum Anbau der nächstfolgenden gleichsam von selbst die Bezahlung nachläßt.

DRITTES KAPITEL.

Von den gemischten Fürstenthümern.

Aber beim *neuen* Fürstenthum treten die Schwierigkeiten ein. Und erstens, wenn es nicht gänzlich neu ist, sondern nur wie ein Glied, und das Ganze gewissermaßen gemischt zu nennen, entspringt die Wandelbarkeit desselben zuvörderst aus reiner natürlichen Schwierigkeit, die alle neue Regierungen theilen. Wiefern die Menschen, in Meinung sich zu verbessern, gern ihre Herren wechseln mögen, und diese Meinung sie bewegt, gegen den Herrscher die Waffen zu kehren; worin sie sich aber gleichwohl täuschen, weil ihnen darauf die Erfahrung lehrt, daß sie sich nur verschlimmert haben. Was wieder die Folge einer andern gemeinen Natur-Nothwendigkeit ist, nach welcher man niemals umhin kann, Die, über welche man neuer Fürst wird, zu kränken, sowohl durch bewaffnetes Kriegsvolk als durch unzählige andre Unbill, die einer neuen Erwerbung anhängt. So findest du nun als deine Feinde alle Die vor, die du gekränkt hast durch Occupirung jenes Staates, und kannst dir auch *Die* nicht zu Freunden erhalten, die dich hineinbefördert haben, weil du sie nicht befriedigen kannst in *der* Art, wie sie sich vorgestellt, und weil du keine starken Arzeneyen gegen dieselben brauchen kannst, indem du ihnen verpflichtet bist: denn immer, sey Einer auch noch so stark durch Truppenzahl und Heeresmacht, muß er zum Einschritt in eine Provinz die Gunst der Provinzialen haben. Aus diesen Gründen occupirte der König von Frankreich Ludwig XII. Mailand schnell, und verlor es auch schnell; und das erste Mal es ihm abzunehmen, waren die eigenen Streitmittel der *Lodovico* hinreichend; weil jene Völker, die ihm die Thore geöffnet hatten, als sie in ihrer Vorstellung, und um dieß künftige Wohlergehen, so sie gehofft, sich betrogen sahen, des neuen Gebieters Ueberlast nicht zu ertragen im Stande waren. Nun ist es allerdings gegründet, daß, wenn man nachher die empörten Länder von neuem erwirbt, sie schwieriger wieder eingebüßt werden, wiefern der Fürst, die Gelegenheit der Empörung sich zu nutze machend, weit weniger bedenklich ist über die Mittel, sich sicher zu stellen durch Aufspürung der Verdächtigen, Bestrafung derer, die schuldig sind, Verstärkung aller schwachen Punkte. So daß, wenn es das erste Mal, um Mailand Frankreich zu entreißen, nur eines Herzogs Ludwig bedurfte, der auf der Grenze Lärm erhub, es ihm zum zweyten Mal zu entreißen, die ganze Welt ihm zu Leibe gehn mußte, und sein Heere aufgerieben und aus Italien verjagt seyn mußten: was sich aus obigen Gründen ergab. Und dennoch war es ihm abgenommen, das erste wie das andre Mal. Die Gründe des ersten im allgemeinen wurden erwogen; es blieben nun noch die für das andre zu bedenken, sowie die Mittel anzugeben, welcher er hatte, und welche Einer in seiner Lage haben kann, sich besser als der König von Frankreich bei dem Erworbenen zu behaupten. So sag' ich denn also: daß diese erworbenen Staaten, die der Erwerber mit seinem alten Staate vereinigt, entweder mit diesem von Einer Provinz und Einer Sprache sind, oder nicht sind, so ist es gar leicht, sie zu behaupten, besonders im fall sie nicht an freies Leben gewöhnt sind: und um sie sicher zu besitzen ist schon genug, wenn man den Stamm des Fürsten, der sie regierte, vertilgt hat; wenn man ihnen in übrigen die alten Bedingungen aufrecht hält, und keine Sittenverschiedenheit ist, die Menschen ruhig weiter leben, wie man es in Burgund, Bretagne, Gascogne und der Normandie sah, welche so lange bei Frankreich Geblieben. Denn wenn auch die Sprache in etwas abweicht, so sind doch ihre Sitten ähnlich; so daß sie sich leicht einander schicken: und wer sie erwirbt und behaupten will, muß zweyerlei vor Augen haben: erstens ihres alten Fürsten Geschlecht zu vertilgen, und zweytens, nichts in ihren Gesetzen und Steuern zu ändern: so wird er in kürzester Zeit Ein Leib mit ihrem alten Staate werden. Hingegen, wenn man Staaten erwirbt in einer Provinz, die an Sprache, Sitten und Ordnungen ungleichartig ist, da finden sich die Schwierigkeiten, und da bedarf es großen Glückes und großen Fleißes, sie zu behaupten. Und eines der besten und wirksamsten Mittel würde es seyn, wenn die Person des Erwerbers selbst hinging, und dort wohnte. Dieß würde einen solchen Besitz weit sicherer und dauerhafter machen: wie es der Türke in Griechenland hielt, der mit allen Anstalten, die er traf, um dieses Staates gewiß zu bleiben, wenn er nicht selbst dort Wohnung nahm, unmöglich ihn behaupten konnte. Denn wenn man da ist, sieht man die Unordnungen keimen, und kann dawider schleunig helfen; ist man nicht da, so hört man davon, nachdem sie schon erwachsen sind, und weiter keine Hülfe frommt. Zudem, so ist die Provinz gesichert vor der Beraubung deiner Beamten. Die Unterthanen schaffen sich Recht, da ihnen die Zuflucht des Fürsten nahe ist, wodurch sie, wenn sie gut seyn wollen, mehr Grund ihn zu lieben, und, wollen sie's nicht seyn, mehr Ursach ihn zu fürchten ihn zu erhalten. Auch hegt vor einem solchen Staate mehr Scheu, wer ihn von außen etwa zu überfallen gesonnen wär; so daß der Fürst, wenn er drinn wohnt, ihn mit einer äußerster Schwierigkeit einbüßen wird. – Das zweyte bessere Mittel ist, Colonieen in ein paar Orte zu legen, welche gleichsam als Fußeisen dienen für jenen Staat: denn entweder muß man dieses thun, oder viel Pferd- und Fußvolk drinn halten. Zu den Colonieen braucht der Fürst nichts herzugeben; und ohne Kosten, oder doch wenig, schickt er sie hin und unterhält sie, und kränkt allein die, denen er Felder und Häuser nimmt, um sie den neuen Bewohnern zu geben, welche von jenem Staate nur ein sehr geringer Bestandtheil sind. Es könnte aber die er kränkt, weil sie versprengt und arm geworden, ihm niemals schaden; und alle die Andern bleiben theils ungekränkt zurück, und ruhen mithin um so leichter, theils furchtsam, einen Fehler zu machen, damit es ihnen nicht so ergehe wie denen, welche man beraubt hat. Schließlich sind diese Colonieen, die ihm nichts kosten, teurer; sie kränken die Landeskinder weniger, und die gekränkten, weil arm und versprengt, können nicht schaden, wie vorgedacht. Denn es ist wohl zu merken: daß man den Menschen entweder liebzukosen, oder sie aufzureiben hat: weil sie sich wegen leichter Kränkung rächen, wegen der schweren aber nicht rächen können: drum muß die Kränkung, die man dem Menschen erweist, von der Art seyn, daß sie die Rache nicht fürchten darf. Hält er aber, statt Colonieen, ein stehendes Heer darin, so giebt er ungleich mehr aus, weil auf die Bewachung des Staates alle Revenuen desselben zu verwenden sind, wodurch der Erwerb ihm zu Verlust wird, und er die Kränkung um Vieles vermehrt; denn er schadet nun diesem *ganzen* Staate, in dem er die Truppen quartierweis herumlegt; dieß Ungemach bedrückt einen Jeden, ein Jeder wird sein Feind, und bleiben die Feinde, die ihm schaden können, gepeinigt in ihren Häusern zurück. Auf alle Weise ist also diese Bewachung unnütz, wie die durch Colonieen nützlich. Ferner muß, wer (wie oben gedacht) eine ungleichartige Landschaft einnimmt, sich zum Oberhaupt und Verteidiger der kleineren Nachbarfürsten machen, und dahin streben, die Mächtigeren zu schwächen, und es abzuwenden, daß unter keinerlei Verbindung ein Fremder in die Provinz gerate, der um nichts schwächer als Er selbst ist: und es wird jeder Zeit geschehen, daß ein solcher von den Unzufriedenen des Landes entweder aus großem Ehrgeiz, oder aus Furcht hineingebracht wird. So wie dann ehemals gesehen, daß die Atelier die Römer in Griechenland einforderten; und so in alle Länder, die sie gewannen, wurden sie durch Landeskinder eingebracht. Es ist der Lauf der Dinge der, daß gleich, so wie ein mächtiger Fremder in eine Landschaft nur den Fuß setzt, ihm alle minder Mächtige darin zufallen, hierzu angetrieben durch ein Mißgunst gegen Einen, der über sie bisher geherrscht hat; so daß er, in Absicht auf diese Kleinen, nicht die geringste Mühe hat, sie zu gewinnen, weil sie sämtlich die Macht, die er darin erworben, begierig zu verstärken sind. Blos *darauf* wird er bedacht seyn müssen, daß sie nicht allzu viele Gewalt und Ansehen erlangen; so wird er leicht durch seine Macht und ihre Gunst die Mächtigen darnieder halten, damit er selbst in allen Stücken des Landes oberster Schiedsherr bleibe. Wer diesen Theil nicht wohl versteht, wird das Erworbene bald verlieren, und hat, so lang er es behauptet, Noth und Verdruß ohne Ende darin. Die Römer beachteten wohl diese Punkte in den Provinzen, die sie bezwangen, und sendeten Colonieen hin, hielten die weniger Mächtigen aufrecht, ohne ihre Gewalt zu verstärken, erniedrigten die Mächtigen, und ließen bedeutende Fremde darin zu keinerlei Credit gelangen. Die blose Provinz Griechenland soll mir statt anderer Beispiele dienen. Es wurden von ihm die Ahaier und die Aetolier aufrecht erhalten, das Macedonische Reich erniedrigt, Antiochus daraus vertrieben, und seine Verdienste der Achaier oder Aetolier konnten bewirken, daß sie es ihnen verstattet hätten, zu einem Staate heranzuwachsen: niemals hat Philipp sie beschwatzt, daß sie ihm Freunde geworden wären, ohne ihn zu erniedrigen, noch lockte die Macht des Antiochus ihnen je die Erlaubniß ab, in jener Provinz ein Reich zu besitzen. Daher die Römer in diesen Fällen nur thaten was jeder weise Fürst thun muß, der nicht nur gegenwärtigen Anstoß, sondern auch künftigen zu bedenken und alles Ernstes zu meiden hat: da, wenn man es schon von weitem vorsieht, ihm leicht begegnet werden mag, hingegen wenn man es ankommen läßt, die Arzeney nicht mehr zu recht kommt, nachdem alles Uebel unheilbar geworden: und es damit beschaffen ist wie mit der Schwindsucht, die, nach den Aerzten, im Anfang der Krankheit leicht zu curiren und schwer zu erkennen ist, im Verlaufe der Zeit aber, wenn man sie anfangs nicht erkannt hat, leicht zu erkennen und schwierig zu curiren wird. So geht es auch in Regierungsfachen: hat man hier entspringenden Uebel von weitem erkannt (was nur dem Klugen gegeben ist) so heilt man sie bald. Läßt man sie aber, aus Richterkenntniß, erst wachsen bis sie ein Jeder erkennt, so ist keine Hülfe mehr dagegen. Weßhalb die Römer, weil sie sie schon von weitem sahen, die Störungen immer beseitigt, und nie, um einem Kriege zu entgehen, sie überhand haben nehmen lassen. Denn sie wußten, daß man, zum Vortheil des Feindes, den Krieg nicht *anfängt*, wohl aber *aufschiebt*; darum wollten sie in Griechenland mit Philipp und Antiochus schlagen, um es nicht in Italien zu müssen, obschon sie für den Augenblick eines wie das andre vermeiden konnten; aber sie wollten es nicht, und nie behagte ihnen was unsre Weisen des Tages stündlich im Munde führen: man solle die Gabe der Zeit genießen: wohl aber die *Ihrer Tugend und Klugheit.* Denn die Zeit treibt alles vor sich her, und kann Gutes wie Böses, Böses wie Gutes in gleichem Maße mit sich führen. – Kommen wir aber auf Frankreich zurück, und untersuchen, ob es einen der obigen Punkte beachtet hat: und ich rede von *Ludwig*, nicht von *Karlen*, als dessen Benehmen, weil er länger sich in Italien gehalten, man genauer hat bemerken können. Und es wird in die Augen fallen, wie er von allen Dingen, die man, um einen ungleichartigen Staat zu behaupten, Tun muß, das Gegentheil that. Der Venezianer Ehrgeiz, die sich das halbe lombardische Reich durch diesen Eifall gewinnen wollten, half dem Könige Ludwig nach Italien. Ich tadle diesen Einfall selbst und das Unternehmen des Königs nicht; denn da er einen Fuß in Italien zu fassen gedachte, und keine Freunde in dieser Provinz besaß, vielmehr durch den König Karls Benehmen ihm die Thüren alle verschlossen waren, war er genöthigt, die Freundschaften, welche er konnte, festzuhalten. Und wurde ihm auch der wohl gefaßte Anschlag zum besten gerathen seyn, wenn er auf seinen weiteren Schritten nicht ein und den andern Fehler begangen hätte. Mit Eroberung der Lombardey also erwarb der König sich sogleich das Ansehen wieder, um welches Karl ihn gebracht hatte. Genua gab nach, die Florentiner wurden ihm Freunde, der Markgraf von Mantua, Herzog

Ferrara, die Bentivogli, die Frau von Furli, Herrn von Faenza, Pesaro, Rimino, Camerino, Luccheser, Saneser. Alle gingen sie ihm entgegen und wollten seine Freunde werden. Und jetzo mochten die Venezianer die Temerität ihres Schrittes bedenken, daß sie, um in der Lombardey sich ein Paar Städte zuzueignen, den König von Frankreich zum Oberherren zweyer Drittheile von Italien gemacht hatten. Erwäge man nun, mit wie weniger Mühe der König in Italien sein Ansehen hätte behaupten können, wenn er die obigen Regeln wahrgenommen und alle jene Freunde sicher gestellt und sie vertheidigt hätte, die, weil sie schwach und viele waren, und theils die Kirche, theils Venedig zu fürchten hatten, für immer zu ihm sich halten mußten, und mittels derer er leicht sich eines Jeden, der noch mächtig blieb, versichert hätte! Kaum aber war er nach Mailand gekommen, als er davon das Gegentheil that, indem er dem Papst Alexander half, Romanien sich zu unterwerfen; und bemerkte nicht, daß er sich durch dieses Beginnen schwächte, die Freunde, und die sich ihm in den Schoß geworfen, von sich entfernte, die Kirche aber vergrößerte, der er zum Geistlichen, das ihr schon solches Ansehen giebt, noch so viel Weltliches hinzugab. Und nachdem er den ersten Fehler begangen, war er gezwungen fortzufahren so lang, bis er, um dem Ehrgeiz des Alexanders Schranken zu setzen, und damit er nicht Herr von Toskana würde, durchaus in Person nach Italien mußte. Und es war ihm noch nicht genug, daß er die Kirche groß gemacht, und die Freunde von sich entfremdet hatte: um sich Neapel zuzueignen, theilte er es mit dem Könige von Spanien. Und, statt daß er zuvor in Italien der oberste Schiedsmann gewesen war, zog er sich einen Genossen herein, damit der Ehrgeiz in jener Provinz und die Unzufriedenheit mit ihm doch ja eine Zuflucht finden möchten: und da er in diesem Regiment einen König hinterlassen konnte, welcher ihm zinsbar gewesen wär, nahm er ihm weg, um einen zu setzen, der Ihn heraus verjagen konnte. Es ist gewiß sehr in der Ordnung und ein natürliches Verlangen, daß man sich zu vergrößern wünscht; und immer werden Die es thun, wofern sie es nur zu thun vermögen, darum belobt, oder doch nicht getadelt werden. Wenn sie es aber nicht vermögen, und doch auf alle Weise thun wollen, da liegt der Tadel und der Fehler. Wenn Frankreich mit seinen Mitteln Neapel occupiren konnte, so mußte er dieses thun: wo nicht, so mußte es nicht Neapel theilen. Und wenn die Theilung der Lombardey, welche es mit Venedig einging, Entschuldigung in so weit verdiente, als ihm die Stadt nach Italien geholfen, so ist *diese* Theilung tadelnswerth, weil sie jene Nothwendigkeit vernünftigerweise nicht für sich hatte. Es hatte also Ludwig XII. *diese* fünferlei Fehler begangen: Die kleineren Potentaten vertilgt: eines Mächtigen Macht in Italien vergrößert: einen mächtigen Fremden hereingezogen: nicht in Person da residirt: nicht Colonien hingesandt. Welche Fehler bei seinem Leben ihm gleichwohl nicht hätten schaden können, wenn er nicht noch den sechsten begangen: daß er

8

Venedig der Herrschaft beraubte. Denn hätte er nicht die Kirche vergrößert, noch Spanien nach Italien geführt, so wäre Venedigs Erniedrigung wohl nöthig und vernünftig gewesen; aber nachdem jene ersten Schritte einmal von ihm gethan worden waren, hätte er in den Untergang der Venetianer nie willigen dürfen: so lange sie mächtig geblieben, immer die Andern von einem Angriff der Lombardey zurückgeschreckt hätten, theils weil die Venetianer selbst es nicht gestattet haben würden, wenn sie nicht Ihnen zu Theil worden wär, theils weil die Andern diese Provinz nicht Frankreich würden geraubt haben wollen, um sie den Venetianern zu geben: und *beide* Mächte zu bekriegen, hätten sie nicht den Muth gehabt. Und, spräche Einer: der König Ludwig habe Romanien dem Alexander, Neapel den Spanien überlassen, um einem Kriege zu entgehen, so erwiedre ich mit den obigen Gründen: daß man, um einen Krieg zu vermeiden, nie einer Unordnung Raum geben darf, weil doch der Krieg damit nicht vermieden, sondern vielmehr zu unserem Nachtheil nur weiter hinausgeschoben wird. Und wenn Andere sich auf das Versprechen beriefen, welches der König dem Papste gethan, diese Eroberung für ihn zu machen, wegen der Scheidung seiner Ehe und des an Rohan vergebenen Gutes, antworte ich mit dem, was weiter unten von mir über die Ver sprechen der Fürsten, und wie sie zu halten, gesagt werden wird. Der König Ludwig also verlor die Lombardey, weil er keine der Regeln befolgte, welche die Andern befolgten, die eine Provinz erobert hatten und sich darin behaupten wollten. Und hierin ist nichts zu verwundern; es ist vielmehr ganz in der Ordnung. Ich sprach von dieser Sache zu Nanthes mit Rohan, als der Valentiner, (wie man gewöhnlich den Cäsar Borgia, Papst Alexander's Sohn benannte) Romanien einnahm. Denn als mir der Cardinal Rohan sagte, die Welschen verstünden sich nicht auf den Krieg, antwortete ich: und die Franzosen verstünden sich nicht auf den Staat, weil wenn sie sich darauf verstünden, sie nicht die Kirche so groß werden ließen. Wie es denn die Erfahrung gezeigt hat, daß dieser, und Spaniens Größe in Welschland von Frankreich ausgegangen ist, und wiederum das Verderben Frankreichs von jenen beiden veranlaßt worden. Woraus sich ein oberster Grundsatz ergiebt, der niemals, oder selten trügt: daß, wer einen Andern mächtig macht, umkommt; indem er ihm zu jener Macht entweder durch Schlauheit oder Gewalt hilft; und eines wie das andre Dem, der mächtig geworden, verdächtig ist.

VIERTES KAPITEL.

Warum das durch Alexander eroberte Reich des Darius nicht Alexanders Nachfolgern nach seinem Tode abtrünnig ward.

In Betracht der Schwierigkeiten, die eines neu erworbenen Staates Erhaltung kostet, könnte man sich vielleicht verwundern, woher es kam, daß Alexander der Große in wenigen Jahren von Asien Herr ward und, als er es kaum bezwungen, starb; worauf dieses ganzen Staates Abfall nothwendig schien erfolgen zu müssen, nichtsdestoweniger seine Nachfolger darinnen sich behaupteten und ihnen die Erhaltung desselben keine andern Beschwerden kostete, als welche unter ihnen selbst aus ihrem eigenen Ehrgeiz entsprangen. Hierauf erwiedre ich: die Fürstenthümer, so weit die Geschichte sie kennen lehrt, sehen wir auf zweyerlei Art verwalten: entweder durch einen Fürsten und alle die Andern dessen Knechte, welche, als Diener durch seine Gnade und Urlaub, das Reich ihm verwalten helfen: oder durch einen Fürsten und Edle, welche nicht durch des Fürsten Gnade, sondern durch Alterthum des Blutes auf dieser Stufe sich behaupten. Sothane Edle haben wieder selbst Staaten und eigne Untergebene, die sie als Herren anerkennen und von Natur ihnen zugethan sind. Die Staaten, welche durch einen Fürsten und Knechte regiert werden, deren Fürst hat ein größeres Ansehen, weil niemand in seinem ganzen Gebiet ein Oberhaupt außer Ihm erkennt, und wenn ja einem Andern gehorsam wird, so geschieht es ihm als Beamten und Diener; man hegt nicht besondere Liebe zu ihm. Die Beispiele dieser beiden Regierungen zu unserer Zeit, sind der Türke und der König von Frankreich. Des Türken ganze Monarchie wird von einem einzigen Herren beherrscht; die Andern sind seine Knechte: er theilt sein Reich in Sandschaks ab, wohin er verschiedene Verwalter schickt, und diese versetzt und löst sie ab, so wie es ihm gelegen ist. Dagegen ist der König von Frankreich in Mitten einer *alten* Schaar von Herren gestellt, die anerkannt und geliebt sind von ihren Unterthanen; sie haben ihre Vorrechte; der König kann ihnen diese Rechte nicht ohne seine Gefahr entreißen. Wer mithin den einen wie den andern dieser Staaten in's Auge faßt, wird finden, daß die große Schwierigkeit beim Türkenstaat in der Erwerbung liegt; ist er aber einmal erst bezwungen, behauptet man sich gar leicht darin. Die Gründe, warum das Reich der Türken schwierig zu occupiren ist, sind, weil der Occupirende nicht von dem Fürsten dieses Reiches gerufen kann werden, noch hoffen darf, durch den Aufstand der Benachbarten sein Unternehmen zu erleichtern: was in den obigen Ursachen liegt, weil sie, als lauter verpflichtete Sklaven, schwieriger zu bestechen sind, und wenn sie auch schon bestochen würden, doch wenig Nutzen daraus erwächst, weil Diese, aus oben gegebenen Gründen, das *Volk* nicht nach sich ziehen können. So daß, wer den Türken angreifen will, ihn vereinigt zu treffen bedacht seyn muß, und ihm mehr frommt, der eignen Kraft, als Anderer Unordnungen zu trauen. Hat er ihn aber erst einmal besiegt und im offenen Felde so geschlagen, daß er kein Volk wieder sammeln kann, dann hat er sich vor nichts zu hüten als vor dem Stamme des Fürsten selbst, nach dessen Ausrottung ihm nichts zu Fürchtendes mehr übrig bleibt, weil die Andern kein Ansehen beim Volke haben: und, wie der Sieger *vor* dem Siege von ihnen nichts zu hoffen hatte, so braucht er sie *nach* ihm nicht zu fürchten. Das Gegentheil ist es mit Staaten, die wie der Französische verfaßt sind, denn in solche kannst du mit Leichtigkeit kommen, so bald du irgend einen Großen des Reichs dir gewonnen hast, da immer Unzufriedne sich finden, und Solche, die nach Neuerung streben. Diese können aus obigen Gründen die in das Land den Weg eröffnen und dir den Sieg erleichtern; dem aber nachmals, wenn du dich festsetzen willst, unendliche Schwierigkeiten folgen, so wohl mit Denen, die dir geholfen, als mit den von dir Unterjochten: und du hast nicht genug gethan, wenn du den Stamm des Fürsten vertilgt hast, so lange jene Großen bleiben, die sich zu Häuptern neuer Veränderungen aufwerfen: und wenn du sie weder zufrieden stellen noch aus dem Wege schaffen kannst, verlierst du einen solchen Staat, so bald sich dazu die Gelegenheit bietet. Erwägt ihr nun, zu welcherlei Art von Verfassungen die des Darius gehörte, so werdet ihr sie dem Fürstlichen Reiche ähnlich finden, und darum that Roth, daß Alexander ihn gleich zu Anfang gänzlich zersprengte und ihn aus offenem Felde schlug; nach welchem Siege und Tod des Darius, dieß Reich, aus oben erörterten Gründen, dem Alexander sicher verblieb. Und auch seine Nachfolger, wären sie einig zusammen gewesen, konnten sich ruhig und sicher desselben erfreuen; denn es entstand dort kein andrer Tumult, als den sie sich selbst erhuben. Staaten hingegen wie Frankreich geordnet, kann man unmöglich so ruhig besitzen: daher auch die vielen Empörungen Spanien's, Frankreichs und Griechenlands unter den Römern, wegen den vielen Fürstenthümer, die es in jenen Reichen gab, deren solang das Gedächtniß bestand, die Römer ihres Besitzes nie gewiß seyn konnten; aber nachdem das Gedächtniß davon mit der Macht und Dauer des Reiches erst erloschen war, wurden sie sichere Besitzer derselben und konnten sie wieder sie selbst nachher, als sie sich untereinander bekämpften, Jeder sein Theil von jenen Provinzen, jenachdem er in ihnen Ansehen erlangt, auf seine Seite nach sich ziehen, eben weil sie, nach Untergang des Stammes ihrer alten Herren, niemand außer den Römern erkannten. Alles dieses zusammen erwogen, wird sich wohl schwerlich jemand wundern, daß es dem Alexander so leicht ward, das Asiatische Reich zu behaupten, Andern dagegen schwierig fiel, sich ihr Erworbenes zu bewahren, so wie dem Pyrrhus und vielen Andern. Wovon der Grund nicht in des Siegers mehrerer oder minderer Nacht lag, sondern in Ungleichartigkeit der von ihm Ueberwältigen.

FÜNFTES KAPITEL.

Wie Städte und Staaten regiert werden müssen, welche von ihrer Occupation nach ihren eigenen Gesetzen gelebt haben.

Wenn die auf obigen Arten erworbenen Staaten nach ihren eigenen Gesetzen und frei zu leben gewöhnt sind, so giebt es drey Wege sie zu behaupten. Erste ist, sie zu Grunde zu richten; der zweyte, persönlich darin zu wohnen; der dritte, ihre Verfassung ihnen zu lassen, indem man ein Jahrgeld daraus zieht, und eine Regierung von Wenigen einsetzt, die uns dieselben befreundet erhalte: denn jene Regierung, als das Geschöpf es Fürsten, ist sich wohl bewußt, daß sie nicht ohne seine Macht und Freundschaft sich behaupten kann, und alles thun muß, Ihn aufrecht zu halten. Und eine an Freiheit gewöhnte Stadt bewahrt man mittelst ihrer Bürger weit leichter als irgend auf andre Art, wenn man sie sich erhalten will; was die Spartaner und Römer beweisen. Die Spartaner bewachten Athen und Theben durch eine darin bestellte Regierung von Wenigen, und gleichwohl gingen sie ihnen verloren. Die Römer, um Kapua, Karthago, Rumanitia sich zu erhalten, zerstörten sie, und verloren sie nicht. Griechenland wollten sie regieren, wie die Spartaner es regiert, befreiten es, ließen ihm seine Gesetze, und es gelang ihnen nicht damit: so daß sie, um diese Provinz zu erhalten, viel Städte darin zerstören mußten: dann in der That, um sie sicher zu haben, giebt es kein Mittel als die Vernichtung. Und wer von einer an Freiheit gewöhnten Stadt Herr wird, und diese Stadt nicht selbst zerstört, erwarte von *ihr* zerstört zu werden; weil ihr als Zuflucht oder Empörung immer der Name ihrer Freiheit und alten Ordnungen dienen wird, welche weder durch Länge der Zeit, noch durch Wohlthaten je in Vergessenheit kommen: und, was man auch thun oder vorsehen mag, dieser Name und diese Ordnung werden, wenn man nicht die Bewohner veruneinigt oder sie zerstreut, nicht untergehen, sondern bei jedem Anlaß greifen sie unverzüglich darnach; wie Pisa that, nach so viel Jahren der Florentinischen Dienstbarkeit. Wenn aber die Städte oder Provinzen an einen Fürsten schon gewöhnt sind, und dessen Stamm vernichtet ist, so werden sie, die Eines Theil zum Gehorsam erzogen, anderen Theils ihres alten Gebieters beraubt worden sind, sich unter einander über die Wahl eines neuen nicht vertragen können, und frei zu leben verstehen sie nicht; zögern mithin zu den Waffen zu greifen; und um so leichter kann sie ein Fürst gewinnen, und ihrer sich versichern. Dagegen in den Republiken mehr Leben, mehr Gier nach Rache ist. Die Gedächtniß ihrer alten Freiheit läßt sie nicht, kann sie nicht ruhen lassen: der sicherste Weg bleibt, sie zu vertilgen, oder in ihnen selbst zu wohnen.

SECHSTES KAPITEL.

Von denen neuen Fürstenthümern, die man durch eigene Waffen und Tugend erwirbt.

Es wundere sich niemand, wenn sich in meinen Betrachtungen über durchaus neue Fürstenthümer, sowohl von Fürsten als Staaten künftig die höchsten Beispiele anführen werde. Denn, da die Menschen fast immer von Andern betretene Wege gehen und Nachahmung ihre Handlung leitet, ihnen jedoch unmöglich ist, die fremden Wege durchaus zu verfolgen, die Tugend der Muster ganz zu erreichen, so muß ein kluger Man beständig den Spuren der großen Männer nachgehen, und solche nachzuahmen suchen, die die Trefflichsten gewesen sind; damit, wenn seine eigene Tugend nicht dahin reicht, er wenigstens einen Geruch davon wiedergebe, und muß es machen wie kluge Schützen, die, wenn der Ort, worauf sie zielen, ihnen zu fern scheint, da sie wohl wissen, wie weit die Kraft ihres Bogens trägt, weit höher als ihr Ziel ist, halten; nicht, um mit ihrem Arm oder Pfeil in eine solche Höhe zu treffen um, mittelst so hohen Zielens, ihre Absicht erreichen zu können. Ich sage demnach: daß in den durchaus neuen Fürstenthümern, wo der Regent ein neuer ist, sich bei der Behauptung derselben mehr oder weniger Schwierigkeiten findet, nachdem der sie Erwerbende mehr oder weniger tüchtig ist. Und, weil dieß Begegniß, aus einem Privatmann Fürst zu werden, entweder Glück oder Tugend voraussetzt, so scheint, daß jedes von diesen beiden viele Schwierigkeiten zum Theil erleichtere. Nichts destoweniger haben Die sich länger behauptet, bei denen das Glück die schwächere Seite gewesen ist. Auch wird es noch leichter, weil der Fürst, der keine andern Staaten hat, in Person dort zu wohnen gezwungen ist. Und aber nun auf Die zu kommen, die Fürsten wurden durch eigene Tugend und nicht durch Glück, so sage ich: daß Moses, Cyrus, Romulus, Theseus und Aehnliche, die Vortrefflichsten waren. Und obschon man von Moses nicht reden soll, insofern er ein bloßer Vollstrecker des ihm von Gott Befohlenen war, so verdient er allein um der Gnade willen, die ihn mit Gott zu reden gewürdigt, schon daß man ihn bewundere. Betrachtet man aber den Cyrus und die Uebrigen, die Reiche gründeten und erwarben, wird man sie sämmtlich bewundernswerth finden: ja selbst ihre Handlungen und Anstalten, wenn man sie insbesondere erwägt, werden von denen des Moses nicht abweichend scheinen, obschon er einen so hohen Lehrmeister hatte. Und wenn wir ihr Leben und Thun bedenken, erkennen wir, daß ihnen vom Glück nichts weiter als die Gelegenheit ward, welche ihnen die Mittel darbot, die ihnen gefällige Form zu bestimmen: und ohne jene Gelegenheit wär ihres Geistes Tugend versiecht, so wie die Gelegenheit, ohne die Tugend, umsonst für sie erschienen wäre. Es war also dem Moses nöthig, daß er das Israelitische Volk in der Aegyptischen Sklaverei und von den Aegyptiern unterdrückt fand, damit sie um aus dem Joche zu kommen, sich ihm zu folgen bereit erwiesen. Es mußte dem Romulus in Alba an Raum gebrechen, bei seiner Geburt mußte er ausgesetzt worden seyn, wenn er den Entschluß fassen sollte, König von Rom und euerer Gründer dieses Vaterlandes zu werden. Dem Cyrus war es unentbehrlich, daß er die Perser mißvergnügt über die Meder, und die Meder durch langen Frieden verweichlicht und schlaff fand; und Theseus hätte sein Tugend nicht zeigen können hätte er die Athener nicht zerstreut gefunden. Diese Gelegenheiten demnach machten diese Männer glücklich; und durch derselben vorzüglichen Tugend ward jene Gelegenheit erkannt; so daß ihr Vaterland durch sie zu hohem Adel und Glück gelangte. Diejegen, welche, wie Diese, nun durch Werke der Tugend Fürsten werden, erwerben die Herrschaft mit Schwierigkeit, aber behaupten dieselbe leicht. Und die Schwierigkeiten bei der Erwerbung entspringen zum Theil aus den neuen Formen und Ordnungen, die des Staates Gründung und ihre Sicherheit erheischt. Und zu bedenken bleibt hiebei, wie kein Beginn schwieriger, für den Erfolg nicht zweifelhafter, noch mißlicher in der Behandlung ist, als wenn man sich dazu aufwerfen will, eine neue Verfassung einzuführen: weil der sie Einführende alle Die zu Feinde bekommt, die bei der alten sich gut gestanden, und alle die zu lauen Beschützern, die bei der neuen sich gut stehen würden; welche Lauigkeit theils aus der Furcht von den Gegnern, für die das Gesetz ist, herkommt, theils aus der menschlichen Kleingläubigkeit, die etwas neues nie für wahr hält, wenn sie davon nicht schon sichere Erfahrung durch den Erfolg bestätigt sieht. Daher es geschieht, daß jedesmal, so oft den feindlich Gesinnten der Anlaß zu einem Ueberfalle sich darbeut, sie auf parteyische Weise ihn thun, und jene Andern nur lau sich wehren, so daß man mit ihnen zugleich auf dem Spiele steht. Mann muß also, um diesen Punkt aufs Reine zu bringen, wohl erwägen, ob solche Neuerer auf sich allein stehen, oder von Andern abhängig sind; das heißt, ob sie zu Ausführung ihres Werkes der Bitten bedürfen, oder mit Zwang es durchsetzen können. Im ersteren Falle kommen sie immer übel an, und erreichen nicht das Mindeste. Hangen sie aber von sich selbst ab, und können zwingen, alsdann wird selten für sie etwas zu fürchten seyn. Daher kam es, daß alle bewaffnete Propheten siegreich gewesen sind, die unbewaffneten aber erlagen; weil zu den obigen Schwierigkeiten des Volkes wankelhafte Natur kommt, daß man zwar leicht zu etwas beredet, aber bei einer Ueberzeugung mit Mühe nur erhalten kann. Darum muß man *so* eingerichtet seyn, daß, wenn sie nicht mehr glauben *wollen*, man mit Gewalt sie kann glauben *machen*. Moses, Cyrus, Theseus und Romulus hätten ihre Satzungen nicht lange in Achtung halten können, wenn sie nicht Waffen getragen hätten. So wie es noch in unsern Tagen dem Bruder Hieronymus Savonarola ergangen

14

ist, den seine neue Verfassung stützte, sobald die Menge anfing ihm nicht mehr zu glauben, und er der Mittel ermangelte, die zuvor Gläubigen im Glauben fest zu halten, und die Ungläubigen glauben zu machen. Solcher Männer Verfahren demnach hat sein großen Schwierigkeiten, und auf dem *Wege* zu ihrem Ziel liegen alle Gefahren für sie. Haben sie aber diese besiegt, und fangen sie, nach Hinwegräumung der Neider ihrer Eigenschaften, Verehrung zu genießen an, so bleiben sie mächtig, sicher, geachtet und glücklich. – So hohen Mustern will ich noch ein geringeres zur Seite stellen, welches zu ihnen doch einiges Verhältniß hat, und es soll mir statt aller andern genügen. Hiero ist es, von Syrakus. Aus einem Privatmann wurde er Syrakusen's Fürst; auch Er verdankte dem Glücke nichts als die Gelegenheit, indem er von den bedrängten Bürgern zu ihrem obersten Feldherrn erwählt ward, womit er sich Fürst zu werden verdiente; und so brav war er schon im Privatstand, daß Die von ihm Meldung thun, bezeugen, es wäre ihm zur Herrschaft nichts als die Herrscherwürde abgegangen. Dieser vertilgte die alte Militz, richtete eine neue ein, gab seine vorigen Freundschaften auf, schloß neue; und sobald er Soldaten und Freunde hatte, die er sein eigen nennen durfte, konnte er auf einen solchen Grund jedes Gebäude auferbauen. Ihm kostete also die Erwerbung Mühe genug, die Behauptung wenig.

SIEBENTES KAPITEL.

Von denen neuen Fürstenthümern, die man durch fremde Gewalt und durch Glück erwirbt.

Die, welche lediglich durch Glück aus Privatleuten Fürsten werden, die werden es mit weniger Mühe, aber behaupten sich mit vieler. Auf dem *Wege* zwar haben sie keinerlei Art von Schwierigkeiten, denn sie fliegen zu ihrem Ziel; alle Schwierigkeiten, entstehen erst, nachdem sie an dasselbe gestellt sind. Dergleichen sind solche, denen ein Reich entweder für Geld verliehen wird, oder aus Gnade des Verleihers: sowie es in Griechenland Vielen geschah in den Städten am Hellespont und Jonien's, wo sich Darius Fürsten machte, damit sie zu seiner Sicherheit und Ehre die Städte bewahren sollten. So entstanden auch jene Imperatoren, die durch Bestechung der Soldaten aus dem Privatstand zum Throne gelangten. Solche hangen lediglich vom Glück und Willen Derer ab, die ihre Größe gegründet haben; welches ein paar höchst wandelbare und unzuverlässige Dinge sind; weder verstehen noch vermögen sie in solchem Range sich zu erhalten. Sie verstehen es nicht, weil es nicht in der Natur ist, daß Einer, wenn ihm nicht hoher Geist und Tugend zu Gebote stehen, nachdem er immer im Volke gelebt, gleich zu bestehen wissen sollte: sie vermögen es nicht, weil sie getreuer und ihnen befreundeter Macht ermangeln. Dann können auch schnell entstandene Staaten, wie alle andre natürliche Dinge, die plötzlich entproßt in die Höhe schießen, in ihren Wurzeln und Zubehör nicht dergestalt befestigt seyn, daß sie die erste feindliche Witterung nicht sollte aus der Erde reissen: es müßten denn, wie schon gedacht, Die, welche so plötzlich Fürsten geworden, von so vorzüglicher Tugend seyn, um sich schnell in die Fassung setzen zu können, daßjenige, was ihnen das Glück in den Schoos geworfen, sich zu erhalten und jene Grundlagen, die ein Andrer *vor* seiner Erhöhung zum Throne legt, noch hinterher dem Staate zu geben. Ich will von beiden dieser Arten, entweder durch Tugend oder durch Glück zum Regimente zu gelangen, aus unsern Tagen zwey Beispiele geben. Sie sind *Franz Sforza*, und *Cäsar Borgia*. *Franz* wurde durch die gebührenden mittel und eine ihm eigene große Tugend aus einem Privatmann Herzog von Mailand, und was er sich durch tausend Beschwerden erworben hatte, hielt er mit wenig Mühe fest. Dagegen *Cäsar Borgia* (den das Volk Herzog von Valenz nannte,) den Staat durch seines Vaters Glück gewann, und wieder mit diesem verlor; ungeachtet er jedes Mittel gebraucht und keine Anstalt verabsäumt hatte, die kluge und tüchtige Männer bedürfen, um in den Staaten Wurzel zu schlagen, die ihnen Andrer Waffen und Glück eröffnet: da, wie schon gedacht, auch wer den Grund nicht anfangs gelegt hat, ihn doch, mit einer großen Tugend, wohl hinterher noch legen könnte, obschon nicht ohne Ungemach des Baumeisters und Gefahr des Gebäudes. Wenn wir nun alle Schritte des Herzogs in's Auge fassen, so werden wir sehen, was für bedeutende Gründe er zu seiner künftigen Macht gelegt; welche Gründe zu untersuchen ich nicht für überflüssig halte, indem ich einem neuen Fürsten keine besseren Regeln zu geben wüßte als eben das Beispiel *seiner* Thaten. Und wenn seine Anstalten ihm nichts halfen, so hatte er nicht die Schuld daran, weil es durch eine äußerste Tücke des seltensten Schicksals verursacht ward. Es hatte Alexander VI., bei dem Bestreben seinen Sohn, den Herzog, groß zu machen, viele, sowohl augenblickliche als künftig drohende Schwierigkeiten. Zuvörderst sah er keinen Weg, ihm einen andern Staat zu verschaffen, als einen der Kirche pflichtigen; und wenn er Kirchen – Gut angreifen wollte, so wußte er, daß der Herzog von Mailand so wenig als die Venetianer hiezu ihre Stimme geben würden, indem Faenza und Rimino schon unter dem Schutze Venedigs standen. Außerdem sah er, daß die Waffen Italien's und insonderheit die, welche er hätte brauchen können, sich in den Händen Derer befanden, die des Papstes Größe zu fürchten hatten; und durfte ihnen daher nicht trauen, indem die Orsini und die Colonna nebst ihrem Anhang sie sämmtlich beherrschten. Es war demnach von Wichtigkeit, diese Verhältnisse zu zerrütten, und ein Zerwürfniß unter den Staaten Italien's hervorzubringen, wenn er sich eines Theils derselben mit Sicherheit bemeistern wollte. Dieses wurde ihm leicht gemacht; denn er fand die Venetianer schon aus andern Gründen geneigt, die Franzosen von neuem nach Italien zu ziehen: welches er nicht nur nicht verwehrte, sondern sogar erleichterte, durch Trennung der ersten Ehe *Ludwigs*. Mit Hülfe der Venetianer also und Alexander's Zustimmung, erschien der König in Italien, und war zu Mailand kaum angelangt, als auch der Papst schon Truppen von ihm zu dem Romanischen Feldzug erhielt, dem man, aus Achtung gegen den König, sich nicht zu widersetzen wagte. Nachdem nun der Herzog Romanien erobert und die Colonna geschlagen hatte, war in Behauptung dieses Sieges und weiterer Unternehmungen zweyerlei ihm hinderlich: das Eine, seine eigenen Truppen, die ihm nicht zuverlässig schienen; das Andre, die Gesinnung Frankreichs: er fürchtete nämlich, es möchten ihn die Orsinischen Truppen, deren er sich bedient, verlassen, und nicht allein im Erobern hindern, sondern selbst ihm das Eroberte wieder nehmen; ja es konnte der König ihm Gleiches anthun. Die Orsini gaben ihm schon zu schaffen, als er nach der Erstürmung Faenza's Bologna belagerte, da er sie kalt an dieser Belagerung Theil nehmen sah: und des *Königs* Meinung erkannte er, als er, nach Unterwerfung Urbino's Toscana occupiren wollte, von welchem Unternehmen ihn der König abzustehen zwang. Worauf der Herzog sich entschloß, weder von fremdem Glück noch Waffen ins Künftige abhängig zu seyn; und war das Erste was er that, daß er in Rom die Orsinischen und Colonnesischen Bünde schwächte, indem er sich alle ihre Genossen, sofern sie Edelleute waren, gewann, sie zu seinen Rittern machte, ihnen hohe Besoldungen gab, sie, Jeden seinem Range gemäß, mit Anführerstellen und Aemtern ehrte: so daß, nach Verlauf von wenigen Monden, alle Parteysucht in ihren Gemüthern erloschen war, und sich lediglich auf die Person des Herzogs wandte. Hierauf, nach Zerstreuung der Colonneser, wartete er die Gelegenheit ab, auch die Orsini zu vernichten, welche ihm zu gut zu Staaten kam, und er noch besser zu nutzen wußte. Denn als die Orsini zu spät bemerkt, daß die Größe des Herzogs und der Kirche ihr Unglück war, beriethen sie sich auf einem Landtag zu Magione im Perugianischen mit einander: hieraus entsprang der Urbinische Aufstand, die Unruhen in Romanien, unzählige Gefahren des Herzogs, welche er mit der Franzosen Hülfe sämmtlich bezwang; und nachdem er sein Ansehn hergestellt und sich weder auf Frankreich noch eine äußere Macht verließ, um sie dereinst nicht auf die Probe stellen zu dürfen, legte er sich auf die Verstellung, und wußte seine Absichten so wohl zu verbergen, daß die Orsini sich durch Vermittelung des Signor Paulo wieder mit ihm versöhnen ließen. Um Diesen sicher zu machen, sparte er keine Art von Verbindlichkeiten, schenkte ihm Kleider, Pferde, Geld, bis ihre Einfalt sie endlich zu *Sinigalien* ihm in Hände lieferte. Nachdem er nun diese Häupter vertilgt und ihre Genossen sich befreundet, hatte der Herzog seiner Macht einen ziemlich guten Grund gegeben. Denn er war Herr von ganze Romanien, sowie vom Herzogthum Urbino, und hatte sich alle jene Völker damit gewonnen, daß sie bereits ihren Wohlstand zu schmecken begonnen hatten. Und weil dieser Punkt der Beherzigung und der Nachahmung von Andern werth ist, will ich nicht dahinten lassen. Da, nach Eroberung von Romanien, der Herzog fand, daß es von unmächtigen Herren beherrscht worden war, die ihre Unterthanen vielmehr beraubt als gebessert, und ihnen mehr Anlaß zur Entzweyung als Einigkeit gegeben hatten, so daß die Provinz von Plackereien, Händeln und jedem Unfug voll war, schien es ihm unerläßlich, derselben ein gutes Regiment zu geben, wenn er sie ruhig haben wollte, und königlichem Ansehen folgsam. Darum setzte er dort den Remiro d'Orco, einen grausamen, thätigen Menschen ein, welchem er unumschränkte Macht gab. Dieser machte mit größtem Ansehn in kurzer Zeit sie ruhig und einig. Darnach erachtete der Herzog ein so unmässiges Ansehn nicht passend, da es ihn selbst verhaßt machen konnte, und setzte mitten in der Provinz ein bürgerliches Gericht ein, unter einem vortrefflichen Vorstand, da jede Stadt ihren Anwalt hatte. Und, weil er sah, daß die vorige Strenge ihm einigen Widerwillen erweckt, so wollte er , um die Stimmung des Volkes zu reinigen und sie ganz für sich zu gewinnen, beweisen daß wenn Grausamkeit zum Theil begangen worden waren, sie nicht Ihm selbst zu Schulden kämen, sondern der rauhen Natur des Ministers. Nahm also hievon Gelegenheit, und ließ ihn eines Morgens auf dem Markt zu Cesena in zwey Stücke hauen, nebst einem blutigen Messer dabei auf einem Pfahle aufgerichtet. Durch welches Schauspiels Gräßlichkeit das Volk begnügt und betäubt blieb. Um aber wieder zurückzukommen wovon wir ausgegangen sind, so sage ich: es blieb dem Herzog, der sich nunmehr genugsam stark und vor Gefahren der Gegenwart zum Theil gedeckt sah, indem er sich auf seine *eigne* Weise gerüstet und guten Theils die Waffen zerstört, die in der Nähe beschädigen konnten, es blieb ihm, wenn er nun weiter gehen und Mehreres erwerben wollte, die Rücksicht gegen Frankreich übrig; weil er erkannte, daß dies vom König, der seinen Irrthum spät entdeckt, ihm nicht gestattet werden würde. Darum fing er jetzt neue Freunde zu suchen und gegen Frankreich zu wanken an, während des Napolitanischen Feldzugs der Franzosen wider die Spanier, welche Gaëta belagerten. Und bezweckte, sich *Derer* zu versichern; was er auch bald erreicht haben würde, wenn *Alexander* leben geblieben wäre. – Dieß waren die Schritte, welche er that in Absicht auf die Gegenwart. Was aber das Künftige betraf, so hatte er zu besorgen, Erstens: Es könnte ein neues Kirchenhaupt ihm abgeneigt seyn, und das, was, ihm Alexander gegeben, zu rauben suchen. Dieß dachte er auf viererlei Art zu verhindern: Erstens mittelst Austilgung aller Geschlechter jener Edeln, welche er Geplündert hatte, um den Papst dieser Anlässe zu Berauben. Zweytens, indem er, wie gedacht, den ganzen Adel von Rom auf seine Seite brächte, um mittelst dessen den Papst im Zaume halten zu können. Drittens, indem er das Collegium, soviel als möglich, für sich gewänne. Viertens, wenn er noch vor dem Tode des Papstes so viel Herrschaft erwürbe, daß er durch seine eigene Macht einem ersten Stoße begegnen könnte. Von diesen vier Dingen hatte er dreye bei Alexander's Tode vollbracht; das vierte hatt' er beinahe vollbracht. Denn von den geplünderten Edeln erschlug er so viel er ihrer habhaft ward, und nur die wenigen entkamen; den römischen Adel hatte er gewonnen, und vom Collegium den größten Theil: und wegen neuer Erwerbungen, so hatte er's darauf angelegt, sich von Toskana Meister zu machen. Perugia, Piombino befaßt er schon, und über Pisa hatte er der Schutzherrschaft sich angenommen. Und, gleich als hätte er gegen Frankreich *keine* Rücksicht zu nehmen gehabt, (die er auch nicht mehr nöthig hatte, weil die Franzosen durch die Spanier Neapels schon beraubt worden waren, so daß jetzt seine Freundschaft Jeder von ihnen baar erkaufen mußte), so überrumpelte er Pisa. Worauf sich Siena und Lukka sehr bald, zum Theil aus Mißgunst gegen Florenz, zum Theil aus Furcht ihm unterwarfen. Die Florentiner schützte jetzt nichts. Wäre dieses ihm gelungen, (es *mußte* ihm aber im selbigen Jahre da Alexander starb, gelingen) so hätte er sich so viel Gewalt und Ansehen erworben, daß er auf sich allein sich hätte steuern können, und nicht dem Glück noch fremder Macht vertrauen dürfen, sondern allein auf seine eigne Tugend und Stärke. Doch Alexander starb, im fünften Jahre nachdem er das erste Schwert gezogen. Er ließ ihn blos im Romanischen Staate befestigt, die andern alle im Blauen, zwischen zwey mächtigen feindlichen Heeren bis auf den Tod erkrankt zurück. Und eine solche Unbiegsamkeit und solche Tugend war in dem Herzog, so wohl verstand er, wie man die Menschen gewinnen oder verlieren muß, so tüchtige Fundamente hatte er in der kurzen Zeit gelegt, daß, wenn er von jenen Herren befreit, oder gesund gewesen wäre, er jede Gefahr besiegt haben würde. Und daß die Fundamente des Herzogs vortrefflich gewesen, sieht man daraus, daß über einen ganzen Monat Romanien auf ihn wartete: in Rom, obschon halb todt, blieb er sicher; und, kamen auch die Baglioni, Vitelli und die Orsini nach Rom, sie hätten nichts gegen ihn ausgerichtet. Er konnte, wenn nicht Wen er wollte, zum Papste machen, wenigstens Wen er nicht wollte, nicht werden lassen. War er aber beim Tod Alexander's gesund, so wurde ihm alles leicht. Und er selber sagte mir in den Tagen, als Julius II. erwählt ward, auf Alles hätte er gedacht, was sich bei seines Vaters Tode ereignen könnte, und für Alles hätte er Wege ausgefunden: nur daran hätte er nimmer gedacht, daß er bei dessen Tode selbst im Sterben würde liegen sollen. – Alle diese Handlungen des Herzogs nun zusammen genommen, wüßte ich nicht zu schelten; er scheint mir vielmehr allen Denen, welche durch Glück und fremde Waffen zur Herrschaft gelangt sind, als ein Wunder (wie ich gethan habe) aufzustellen. Denn, hohen Geistes, wie er war, und voll weitumfassender Entwürfe, *konnte* er sich nicht anders benehmen: es widersetzte sich seinen Plänen blos Alexander's Lebenskürze, und seine eigne Hinfälligkeit. Wer also in seinem neuen Staate es nöthig findet, Feinde sich zu versichern, Freunde zu gewinnen, zu siegen durch Gewalt oder List, beim Volke Liebe und Furcht, im Heere Gehorsam und Achtung zu erzwingen, Die welche ihm schaden können und müssen, hinwegzuräumen, die alte Ordnung durch neue Verfassung umzuändern, streng und gelind, großmüthig und freigebig zu seyn, die ungetreue Miliz zu vertilgen, neue zu schaffen, der Könige und Fürsten Freundschaft sich zu erhalten, so daß sie entweder mit Gunst ihn fördern, oder mit Rücksicht beleidigen müssen, kann keine frischen Beispiele finden als eben *Dessen* Handlungen. Nur Julius des II. Erwählung kann ihm zu einem Vorwurf gereichen, welche Wahl ihm nicht günstig war; da, wie gedacht, wenn er auch selbst nicht seinen Papst bestimmen konnte, es ihm doch unbenommen blieb, zu hintertreiben daß Einer es würde: und niemals durfte er in das Papstthum *der* Cardinäle willigen, die er beleidigt hatte oder, die, wenn sie zum Pontificat gelangt, sich vor ihm hätten fürchten müssen; wiefern die Menschen entweder aus *Furcht*, oder aus *Haß* zu schaden pflegten. Die er beleidigt, unter Andern, waren *San Pierto ad Vincula, Colonna, San Giorgio, Ascanio.* Alle die andern hätten vor ihm, wenn sie Päpste geworden, zu zittern gehabt, die Spanier und *Rohan* ausgenommen: Jene als Freunde und Verbundene, dieser, wegen der Macht, und weil er den König von Frankreich für sich hatte. Vor allen Dingen mußte daher der Herzog zum Papst einen Spanier wählen, und wenn er dieses nicht zwingen konnte, genehmigen, daß es Rohan würde, und nicht *San Pietro ad Vincula*. Und wer von hohen Personen glaubt, daß sie um neuer Wohlthat willen die alte Unbill vergessen sollten, betrügen sich. Es beging also der Herzog in dieser Wahl einen Fehler, und sie ward der Grund seines endlichen Sturzes.

ACHTES KAPITEL.

Von Solchen, die durch Frevelthaten zum Fürstenthum gekommen sind.

Weil aber ein Privatmann noch zweyerlei Arten Fürst werden Kann, die sich nicht gänzlich weder dem Glück noch der Tugend beimessen lassen, so glaub' ich sie hier nicht übergehen zu dürfen, obschon die Eine ausführlicher da, wo man von Republiken handelt, in Untersuchung zu nähmen wär. Diese sind: wenn man entweder durch irgend ein freventliches und ruchtloses Mittel zum Fürstenthum aufsteigt, oder wenn ein gemeiner Bürger durch die Gunst seiner Mitbürger Fürst seines Vaterlandes wird. – Und was die erste Art betrifft, so mögen sie zwey Beispiele, ein altes und ein neues erläutern, ohne weiter in die Meriten dieses Falles einzugehen, da glaube ich daß, wer genöthigt wäre, an ihrer Nachahmung genug hat. Der Sizilianer Agathokles kam nicht allein aus dem Privatstand, sondern vom allerniedrigsten und gemeinsten Loose zum Thron Syracusen's. Dieser, der eines Töpfers Sohn war, führte von jeher auf allen Stufen seines Geschickes ein ruchloses Leben. Gleichwohl verband er mit seinen Freveln so große Geistes- und Leibeskraft, daß er auf militärischem Wege, den er gewählt, sich nach und nach bis zum Prätor von Syrakus emporschwang. In dieser Stelle nun beständigt, und fest entschlossen Fürst zu werden, wollte er mit Gewalt und sonder Verbindlichkeit gegen irgendwen, was man ihm frei gewährt, behaupten. Und nachdem er sich über diese Absicht mit dem Karthager Hamilkar verständigt, der mit dem Heer in Sizilien stand, berief er eines Morgens das Volk und den Senat von Syrakus, gleich als wenn er sich von Sachsen der Stadt mit ihnen hätte berathen wollen, und ließ, auf ein bestelltes Zeichen, alle Senatoren und die Reichsten im Volke von seinen Soldaten niedermachen: nach deren Tode er sodann das Regiment der Stadt ohne allen bürgerlichen Streit für sich nahm und behauptete. Und ob er gleich von den Karthagern zweymal geschlagen und zuletzt belagert wurde, vermochte er doch seine Stadt nicht nur zu vertheidigen, sondern er fiel mit Hinterlassung eines Theiles seiner Leute zum Schutz derselben, mit dem andern in Afrika ein; befreite Syrakus in kurzem von der Belagerung, und brachte die Karthager in äußerste Bedrängniß, so daß sie, um einen Vergleich zu erhalten, sich mit dem Besitz von Afrika begnügen, und dem Agathokles Sizilien überlassen mußten. Wer mithin dieses Mannes Thaten und Tugenden überlegt, der möchte nichts oder wenig finden, was er dem Glücke beizumessen hätte; da er, wie eben angeführt, durch keines Men schen Begünstigung, sonder durch militairische Stufen, die er mit tausend Gefahren und Mühen sich selbst errungen, zum Fürstenthum gekommen war, und sich sodann durch solche gefährliche und kühne Schritte darin behauptet hatte. Noch kann man es auch Tugend nennen, wenn Einer seine Mitbürger mordet, die Freunde verräth, ohne Treue und Glauben, ohne Mitleid und Religion ist, welche Sitten ihm wohl Herrschaft, aber nicht Ruhm erwerben können. Bedenkt man daher des Agathokles Tugend, womit er Gefahren bestand und entging, und seines Muthes Größe im Tragen und Ueberwinden der widrigen Dinge, so sieht man nicht ab, warum er geringer als irgend Einer der trefflichsten Feldherrn zu achten seyn sollte. Nichtsdestominder verstatten seine unmenschliche Blutgier und Barbarei und unzähligen Frevel nicht, daß man ihm ein gleiches Lob mit den vortrefflichen Menschen ertheile. Man kann daher weder dem Glücke noch der Tugend beimessen, was ohne eines von beiden, Diesem zu Theil geworden ist. – In unsrer Zeit, unter Alexanders des Sechsten Regierung, ward *Oliverotto von Fermo*, der mehrere Jahre lang kaum um ein weniges wachsen wollen, von seinem mütterlichen Oheim *Johann Fogliani* auferzogen, und schon als Knabe zum Militair unter dem Paul Vitelli gethan, damit er, in solcher Schule gebildet, zu einem der vorzüglichen Posten bei der Armee aufrücken könnte. Späterhin, nach dem Tode Paul's, that er auch unter dessen Bruder *Vitellozzo* Dienste, und bald, weil er geschickt und wacker war an Leib und Seele, wurde er der Ersten Einer bei seinen Leuten. Da es ihm aber knechtisch schien, auf Andre zu merken, gedachte er, mit Hülfe einiger Bürger von Fermo, die ihres Vaterlandes Knechtschaft lieber als dessen Freiheit hatten, und durch die Gunst der Vitelli, Fermo zu überrumpeln und schrieb sofort an den Johann Fogliani, wie er, nach einer mehrjährigen Abwesenheit von Hause, ihn und seine Stadt besuchen, auch sich eines Theils nach seinem Erbgut erkundigen wolle. Und weil er sich sonst um nichts anders bemüht als Ehre in der Welt einzulegen, so wolle er, damit seine Mitbürger sähen, wie er die Zeit nicht umsonst verbracht, auch statelich kommen, und begleitet von hundert Pferden seiner Freunde und Diener; und ersuchte ihn, es möchte ihm beliebig seyn zu verfügen, daß ihn die Fermischen anständig empfingen, was nicht nur ihm, sondern auch Jenem zur Ehre gereichte, da er sein Zögling gewesen sey. Johann demnach ließ es dem Neffen an keinerlei schuldigen Diensten fehlen; er ließ ihn von den Bürgern zu Fermo stattlich empfangen, quartirte ihn in seinem eignen Hause ein. Nachdem er daselbst ein Paar Tage verweilt und was zu seinem nachherigen Frevel erforderlich war, geordnet hatte, stellte er ein solennes Bankett an, wozu er den Johann Fogliani und alle die Ersten von Fermo einlud: und nach Beendigung der Gerichte und aller andern Ergötzlichkeiten, die bei dergleichen Banketten Brauch sind, berührte Oliverotto mit Absicht gewisse wichtige Materien, indem er von Papst Alexander's und Cäsar's, seines Sohnes, Größe sprach, und von ihren Unternehmungen. Als aber Johann und die Andern ihm auf diese Reden antworten wollten, stand er mit einem Male auf, bemerkend, es wären dieses Sachen, die man an einem geheimeren Orte besprechen

23

müsse, und begab sich in eine Kammer, wohin ihm Johann und alle die andern Bürger folgten. Kaum aber hatten sie sich gesetzt, als aus verborgenen Orten derselben Soldaten drangen, die den Johann und alle die Andern niedermachten. Nach welcher Mordthat Oliverotto zu Pferde stieg, durch die Straßen sprengte, die höchste Obrigkeit im Palast belagerte, bis sie, aus Furcht, ihm zu gehorchen und eine Regierung einzusetzen gezwungen waren, über welche er sich zum Fürsten aufwarf. Und da nun alle gestorben waren, die ihm aus Unzufriedenheit hätten schaden können, befestigte er durch neue Civil- und Militärverfassung sich in so weit, daß er in Jahresfrist, so lange er das Fürstenthum behielt, nicht bloß in der Stadt Fermo sicher, sonder auch allen seinen Nachbarn furchtbar geworden war, und ihn zu stürzen eben so schwer gewesen seyn würde als den Agathokles: wenn er sich nicht vom Cäsar Borgia hätte belisten lassen, als dieser zu Sinigallien, wie oben gedacht, die Orsini und die Vitelli fing; wo selbst auch er, ein Jahr darauf, nachdem er den Vatermord begangen, nebst Vitellozzo, seinem Meister in Tugenden und Frevelthaten, gefangen und erdrosselt wurde. Es könnte Einer Zweifel hegen, wie es doch möglich gewesen sey, daß Agathokles und seines Gleichen, nach unzähligen Verräthereien und Grausamkeiten, lange sicher in ihrem Vaterland leben, sich gegen äußere Feinde vertheidigen können, und selbst die Bürger wider sie niemals Verschwörungen angestiftet; da viele Andre mit Grausamkeit nicht einmal in friedlichen Zeiten die Herrschaft behaupten konnten, geschweige denn während bedenklicher Kriegsläufe. Ich glaube, hievon liegt die Ursach im guten, oder schlechten Gebrauch der Grausamkeiten. Gut gebrauchte — wenn anders vergönnt ist, gut vom Bösen zu sagen — können wir solche nennen, die man auf Einen Zug begeht, in der Nothwendigkeit sich sicher zu stellen, und dann nicht weiter dabei beharrt, sondern so viel als man nur kann, sie zum Nutzen der Unterthanen verwendet. Die schlechtgebrauchten sind solche, die, obschon vom Anfang eben nicht zahlreich, im Laufe der Zeit vielmehr sich häufen, statt daß sie ein Ende nehmen sollten. Die, welche die erste Art befolgen, können mit Gott und Menschen wohl für ihre Herrschaft noch Wege finden, so wie Agathokles sie fand. Die Andern behaupten sich unmöglich. Deßhalb ist wohl zu merken: daß bei der Ergreifung eines Staates der Occupant desselben alle Unbilden, die er zu verüben genöthigt ist, auf Einen Zug durchführen und verüben muß, um sie nicht täglich erneuern zu dürfen, und um, indem er die Wiederholung vermeidet, die Menschen getrost, und sich durch Gutesthun geneigt zu machen. Wer anders handelt, aus Furchtsamkeit oder aus Mangel an guten Rath, muß immer das Messer in Händen halten, und kann sich auf seine Unterthanen niemals verlassen; weil sie auch seiner sich, wegen der immerwährenden und frischen Beleidigungen, nicht getrösten können. Es müssen daher die Beleidigungen alle auf einmal erwiesen werden, damit der Geschmack von ihnen besser übrig bleibe; und muß ein Fürst vor allem so mit seinen Unterthanen leben, daß ihn kein Zufall in Bösem noch Gutem zu einer Veränderung nöthigen kann; weil, wenn mit der schlimmen Zeit Nöthigung eintritt, du für das Böse schon zu spät kommst, und was du Gutes thust, dir nichts hilft, weil man es für erzwungen hält, und dir kein Mensch dafür einen Dank weiß.

NEUNTES KAPITEL.

Vom bürgerlichen Fürstenthum.

Kommen wir aber zur andern Art, wenn ein städtischer Fürst nicht durch Frevel, noch sonst unerträgliche Gewaltsamkeiten, sondern durch Gunst seiner Nebenbürger Fürst seines Vaterlandes wird, (was bürgerliches Fürstenthum genannt werden kann, und zu dessen Erwerbung weder lauter Tugend noch lauter Glück, sondern vielmehr eine glückliche Schlauheit erforderlich ist), – so sage ich: daß man zu diesem Fürstenthum entweder mit Gunst des Volkes, oder mit Gunst der Großen sich emporschwingt; da sich in einer jeden Stadt diese beiden verschiedenen Stimmungen finden, und *daher* rühren: daß das Volk nicht will von den Großen beherrscht noch bedrückt seyn, die Großen aber das Volk beherrschen und drücken wollen: und in den Städten entspringt aus dieser doppelten Neigung Eines von drey Ergebnissen: entweder Fürstenthum, oder Freiheit, oder Ungebundenheit. Das Fürstenthum wird entweder vom Volke, oder von den Großen verursacht, nachdem die eine oder die andre dieser Parteyen Gelegenheit hat. Denn wenn die Großen sehen, daß sie dem Volke nicht widerstehen können, so fangen sie an, einem Einzigen aus ihrer Mitte die Ehre zu geben, und machen ihn zum Fürsten, um unter seinem Schatten ihre Triebe auslassen zu können; und so auch das Volk giebt einem Einzigen die Ehre, so bald es sieht, daß es den Großen nicht widerstehen kann, und macht ihn zum Fürsten, um durch sein Ansehen geschützt zu seyn. Der, welcher zum Fürstenthum mit Hülfe der Großen gelangt, behauptet sich mit mehrerer Schwierigkeit darin, als wer es mit Hülfe des Volkes wird; weil er als Fürst viele um sich findet, die sich für seines Gleichen halten, und die er deßhalb nicht nach seiner Weise befehligen noch behandeln kann. Wer aber durch Volksgunst zum Fürstenthum kommt, steht dort allein, und hat Keinen, oder doch nur sehr Wenige neben sich, die ihm zu gehorchen Anstand nähmen. Außerdem kann man den Großen auch nicht mit Ehren und ohne Verletzung der Andern willfährig seyn, wohl aber dem Volke; weil des Volkes Absicht ehrlicher ist, denn die der Großen; als welche begehren zu unterdrücken, und jenes, nicht unterdrückt zu werden. Es kommt noch hinzu, daß gegen die Feindschaft des Volkes, weil ihrer zu Viele sind, der Fürst sich niemals sichern kann; der Großen aber kann er sich versichern, weil ihrer Wenige sind. Das Schlimmste, was ein Fürst vom Volke, wenn es ihm feind wird, erwarten kann, ist, daß er von ihm verlassen werde; hingegen von den feindlichen Großen muß er nicht nur verlassen, sondern sogar bekämpft zu werden fürchten. Denn da in ihnen mehr Blick und List ist, erübrigen sie immer noch Zeit, sich zu salviren, und suchen bei Dem sich in Gunst zu setzen, von dem sie hoffen, daß er den Sieg behalten werde. Ferner ist auch der Fürst genöthigt, mit ein und demselben Volke immer zu leben; aber er kann sehr wohl ohne dieselbigen Großen bestehen, indem er Deren alle Tage ein- und absetzen, ihnen Ehren geben und nehmen kann, wie es ihm gutdäucht. Und, um diesen Punkt noch besser zu zeigen, sage ich: wie man die Großen hauptsächlich auf zweyerlei Weise betrachten muß. Sie entscheiden sich nämlich in ihrem Benehmen dergestalt, daß sie entweder sich ganz deinem Glücke verpflichten, oder nicht. Die, welche sich verpflichten, wenn sie nicht räuberisch sind, muß man ehren und lieben. Die, welche sich nicht verpflichten, sind auf zweyerlei Weise zu betrachten: entweder handeln sie so aus Verzagtheit und einem natürlichen Mangel an Muth; und alsdann mußte du dich ihrer bedienen, besonders Derer, die guten Rath zu geben wissen: denn im Glück wirst du von ihnen Ehre haben, im Unglück brauchst du sie nicht zu fürchten. Wenn sie sich aber mit Absicht und aus Ehrgeiz nicht verpflichten wollen, so ist es ein Zeichen, daß sie mehr an sich als an dich denken, und vor Diesen muß ein Fürst sich hüten und sie wie offne Feinde halten, weil sie im Unglück jederzeit zu sei nem Sturze helfen werden. Deßhalb muß Einer, der durch Gunst des Volkes Fürst wird, dessen Freundschaft sich zu erhalten suchen; was ihm leicht seyn wird, indem es nicht weiter verlangt, als nicht unterdrückt zu werden. Wer aber dem Volke zuwider, durch Gunst der Großen Fürst wird, muß vor allem das Volk sich zu gewinnen suchen; welches ihm leicht gelingen wird, wenn er nur dessen Schutz übernimmt. Und weil die Menschen, wenn sie Gutes von Einem, zu dem sie sich Böses verfahren, erhalten, sich nur um so mehr an ihren Wohlthäter anschließen, wird das Volk ihm bald geneigter seyn, als wenn er selbst durch dessen Gunst zum Fürstenthume den Weg gefunden hätte. Und auf vielerlei Arten kann sich der Fürst das Volk gewinnen, über welche, da sie sich nach den Fällen ändern, es keine feste Regel giebt, und darum unerörtert bleiben. Nur so viel will ich schließen: ein Fürst muß nothwendig das Volk zum Freunde haben, sonst hat er im Unglück keine Hülfe. Nabis, der Spartaner-Fürst, hielt die Belagerung aller Griechen und eines höchst siegreichen Römerheers aus, vertheidigte gegen diese sein Land und seine Herrschaft, und war ihm genug, als die Gefahr auf ihn hereinbrach, sich einiger Wenigen zu versichern. Hätte er das Volk zum Feinde gehabt, so wär' ihm dieß *nicht* genug gewesen. Und diese Meinung wolle niemand mit dem gemeinen Sprichwort befreiten: ›wer auf das Volk baut, baut auf Sand‹; denn dies ist wahr, wenn ein Privatmann darauf sich stützt und der Hoffnung lebt, daß ihn das Volk, wenn er von Feinden oder von Obrigkeiten bedrängt wär, erlösen werde: in diesem Fall könnte er öfters sich getäuscht sehen, so wie es in Rom den Graechen erging und in Florenz Herrn *Giorgio Scali.* Ist es aber ein Fürst, der sich darauf verläßt, der befehlen kann, ein Mann, der Herz hat, in der Noth nicht verzagt, auch sonstige Vorkehrungen nicht verabsäumt und das Ganze durch seinen

Muth und seine Beschlüsse mit ermuthigt, so wird er sich nie von ihm getäuscht sehen und wird finden, daß er auf guten Grund gebaut hat. Es pflegen diese Fürstenthümer Gefahr zu laufen, wenn sie daran sind, sich von der bürgerlichen Verfassung zur unumschränkten zu erheben. Denn diese Fürsten befehlen entweder selbst, oder mittelst Obrigkeiten: im letzteren Falle ist ihre Regierung schwächer und gefährlicher, weil sie in allen Stücken vom Willen derer Bürger abhängig sind, die die obrigkeitlichen Würden bekleiden und ihnen, zumal zur bösen Zeit, die Regierung mit großer Leichtigkeit entreißen können, indem sie entweder ihnen entgegenwirken, oder nicht Folge leisten. Und für den Fürsten ist in Gefahren keine Zeit mehr, die unumschränkte Gewalt zu ergreifen, weil Bürger und Untergebene, gewohnt ihre Befehle von Obrigkeiten zu empfangen, die seinigen in solcher Bedrängniß nicht achten werden, und er in mißlichen Zeiten immer an Solchen Mangel leiden wird, auf welche er sich verlassen kann. Denn ein solcher Fürst kann nicht auf das, was er in ruhiger Zeit sieht, bauen, da alle Bürger des Staates bedürfen: denn da läuft jeder, jeder verspricht, und jeder will für ihn sterben, wenn der Tod entfernt ist. In böser Zeit aber, wenn der Staat die Bürger nöthig hat, da findet er ihrer wenige. Und diese Erfahrung ist um so viel gefährlicher, als man sie nur Einmal machen kann: und deßhalb muß ein weiser Fürst das Mittel ersinnen, durch welches seine Bürger immer, und unter jeder Beschaffenheit und Lage der Zeit, des Staates und Seiner bedürfen; so werden sie immer ihm treu seyn.

Kommen wir aber zur andern Art, wenn ein städtischer Fürst nicht durch Frevel, noch sonst unerträgliche Gewaltsamkeiten, sondern durch Gunst seiner Nebenbürger Fürst seines Vaterlandes wird, (was bürgerliches Fürstenthum genannt werden kann, und zu dessen Erwerbung weder lauter Tugend noch lauter Glück, sondern vielmehr eine glückliche Schlauheit erforderlich ist), – so sage ich: daß man zu diesem Fürstenthum entweder mit Gunst des Volkes, oder mit Gunst der Großen sich emporschwingt; da sich in einer jeden Stadt diese beiden verschiedenen Stimmungen finden, und *daher* rühren: daß das Volk nicht will von den Großen beherrscht noch bedrückt seyn, die Großen aber das Volk beherrschen und drücken wollen: und in den Städten entspringt aus dieser doppelten Neigung Eines von drey Ergebnissen: entweder Fürstenthum, oder Freiheit, oder Ungebundenheit. Das Fürstenthum wird entweder vom Volke, oder von den Großen verursacht, nachdem die eine oder die andre dieser Parteyen Gelegenheit hat. Denn wenn die Großen sehen, daß sie dem Volke nicht widerstehen können, so fangen sie an, einem Einzigen aus ihrer Mitte die Ehre zu geben, und machen ihn zum Fürsten, um unter seinem Schatten ihre Triebe auslassen zu können; und so auch das Volk giebt einem Einzigen die Ehre, so bald es sieht, daß es den Großen nicht widerstehen kann, und macht ihn zum Fürsten, um durch sein Ansehen geschützt zu seyn. Der, welcher zum

Fürstenthum mit Hülfe der Großen gelangt, behauptet sich mit mehrerer Schwierigkeit darin, als wer es mit Hülfe des Volkes wird; weil er als Fürst viele um sich findet, die sich für seines Gleichen halten, und die er deßhalb nicht nach seiner Weise befehligen noch behandeln kann. Wer aber durch Volksgunst zum Fürstenthum kommt, steht dort allein, und hat Keinen, oder doch nur sehr Wenige neben sich, die ihm zu gehorchen Anstand nähmen. Außerdem kann man den Großen auch nicht mit Ehren und ohne Verletzung der Andern willfährig seyn, wohl aber dem Volke; weil des Volkes Absicht ehrlicher ist, denn die der Großen; als welche begehren zu unterdrücken, und jenes, nicht unterdrückt zu werden. Es kommt noch hinzu, daß gegen die Feindschaft des Volkes, weil ihrer zu Viele sind, der Fürst sich niemals sichern kann; der Großen aber kann er sich versichern, weil ihrer Wenige sind. Das Schlimmste, was ein Fürst vom Volke, wenn es ihm feind wird, erwarten kann, ist, daß er von ihm verlassen werde; hingegen von den feindlichen Großen muß er nicht nur verlassen, sondern sogar bekämpft zu werden fürchten. Denn da in ihnen mehr Blick und List ist, erübrigen sie immer noch Zeit, sich zu salviren, und suchen bei Dem sich in Gunst zu setzen, von dem sie hoffen, daß er den Sieg behalten werde. Ferner ist auch der Fürst genöthigt, mit ein und demselben Volke immer zu leben; aber er kann sehr wohl ohne dieselbigen Großen bestehen, indem er Deren alle Tage ein- und absetzen, ihnen Ehren geben und nehmen kann, wie es ihm gutdäucht. Und, um diesen Punkt noch besser zu zeigen, sage ich: wie man die Großen hauptsächlich auf zweyerlei Weise betrachten muß. Sie entscheiden sich nämlich in ihrem Benehmen dergestalt, daß sie entweder sich ganz deinem Glücke verpflichten, oder nicht. Die, welche sich verpflichten, wenn sie nicht räuberisch sind, muß man ehren und lieben. Die, welche sich nicht verpflichten, sind auf zweyerlei Weise zu betrachten: entweder handeln sie so aus Verzagtheit und einem natürlichen Mangel an Muth; und alsdann mußte du dich ihrer bedienen, besonders Derer, die guten Rath zu geben wissen: denn im Glück wirst du von ihnen Ehre haben, im Unglück brauchst du sie nicht zu fürchten. Wenn sie sich aber mit Absicht und aus Ehrgeiz nicht verpflichten wollen, so ist es ein Zeichen, daß sie mehr an sich als an dich denken, und vor Diesen muß ein Fürst sich hüten und sie wie offne Feinde halten, weil sie im Unglück jederzeit zu sei nem Sturze helfen werden. Deßhalb muß Einer, der durch Gunst des Volkes Fürst wird, dessen Freundschaft sich zu erhalten suchen; was ihm leicht seyn wird, indem es nicht weiter verlangt, als nicht unterdrückt zu werden. Wer aber dem Volke zuwider, durch Gunst der Großen Fürst wird, muß vor allem das Volk sich zu gewinnen suchen; welches ihm leicht gelingen wird, wenn er nur dessen Schutz übernimmt. Und weil die Menschen, wenn sie Gutes von Einem, zu dem sie sich Böses verfahren, erhalten, sich nur um so mehr an ihren Wohlthäter anschließen, wird das Volk ihm bald geneigter seyn, als wenn er selbst durch dessen Gunst zum Fürstenthume den Weg gefunden hätte. Und auf vielerlei Arten kann sich der Fürst das Volk gewinnen, über welche, da sie sich nach den Fällen ändern, es keine feste Regel giebt, und darum unerörtert bleiben. Nur so viel will ich schließen: ein Fürst muß nothwendig das Volk zum Freunde haben, sonst hat er im Unglück keine Hülfe. Nabis, der Spartaner-Fürst, hielt die Belagerung aller Griechen und eines höchst siegreichen Römerheers aus, vertheidigte gegen diese sein Land und seine Herrschaft, und war ihm genug, als die Gefahr auf ihn hereinbrach, sich einiger Wenigen zu versichern. Hätte er das Volk zum Feinde gehabt, so wär' ihm dieß *nicht* genug gewesen. Und diese Meinung wolle niemand mit dem gemeinen Sprichwort befreien: ›wer auf das Volk baut, baut auf Sand‹; denn dies ist wahr, wenn ein Privatmann darauf sich stützt und der Hoffnung lebt, daß ihn das Volk, wenn er von Feinden oder von Obrigkeiten bedrängt wär, erlösen werde: in diesem Fall könnte er öfters sich getäuscht sehen, so wie es in Rom den Graechen erging und in Florenz Herrn *Giorgio Scali*. Ist es aber ein Fürst, der sich darauf verläßt, der befehlen kann, ein Mann, der Herz hat, in der Noth nicht verzagt, auch sonstige Vorkehrungen nicht verabsäumt und das Ganze durch seinen Muth und seine Beschlüsse mit ermuthigt, so wird er sich nie von ihm getäuscht sehen und wird finden, daß er auf guten Grund gebaut hat. Es pflegen diese Fürstenthümer Gefahr zu laufen, wenn sie daran sind, sich von der bürgerlichen Verfassung zur unumschränkten zu erheben. Denn diese Fürsten befehlen entweder selbst, oder mittelst Obrigkeiten: im letzteren Falle ist ihre Regierung schwächer und gefährlicher, weil sie in allen Stücken vom Willen derer Bürger abhängig sind, die die obrigkeitlichen Würden bekleiden und ihnen, zumal zur bösen Zeit, die Regierung mit großer Leichtigkeit entreißen können, indem sie entweder ihnen entgegenwirken, oder nicht Folge leisten. Und für den Fürsten ist in Gefahren keine Zeit mehr, die unumschränkte Gewalt zu ergreifen, weil Bürger und Untergebene, gewohnt ihre Befehle von Obrigkeiten zu empfangen, die seinigen in solcher Bedrängniß nicht achten werden, und er in mißlichen Zeiten immer an Solchen Mangel leiden wird, auf welche er sich verlassen kann. Denn ein solcher Fürst kann nicht auf das, was er in ruhiger Zeit sieht, bauen, da alle Bürger des Staates bedürfen: denn da läuft jeder, jeder verspricht, und jeder will für ihn sterben, wenn der Tod entfernt ist. In böser Zeit aber, wenn der Staat die Bürger nöthig hat, da findet er ihrer wenige. Und diese Erfahrung ist um so viel gefährlicher, als man sie nur Einmal machen kann: und deßhalb muß ein weiser Fürst das Mittel ersinnen, durch welches seine Bürger immer, und unter jeder Beschaffenheit und Lage der Zeit, des Staates und Seiner bedürfen; so werden sie immer ihm treu seyn.

ZEHNTES KAPITEL.

Nach welchem Maasstab die Kräfte aller Fürstenthümer zu messen sind.

Noch eine andre Rücksicht muß man bei Untersuchung der Eigenschaften dieser Fürstenthümer nehmen. Und zwar: ob ein Fürst Staates genug hat, um sich im Nothfall auf sich selber steuern zu können, oder ob immer er fremden Schutzes benöthigt ist. Und diesen Punkt mehr aufzuklären, sage ich: ich glaube, es können Solche sich auf sich selber steuern, die durch Ueberfluß an Leuten oder an Geld, ein regelmäßiges Heer zusammenbringen, und mit Jedem, der sie bekriegt, einen Gang thun können. Und eben so glaube ich, daß Solche immer Anderer benöthigt sind, die nicht im Felde gegen dem Feind erscheinen können, sondern in Mauern sich bergen und diese bewachen müssen. Vom ersten Fall ist gehandelt worden, und in der Folge werden wir, was davon weiter vorkommt, sagen. Zum zweyten Fall kann man nichts sagen, als daß man solchen Fürsten nur ihre eigene Stadt zu befestigen und um das Land auf keine Weise sich zu bekümmern anempfiehlt. Und Jeder, der nur seine Stadt gehörig befestigt und sich in Hinsicht des übrigen Regierungswesens, wie oben gesagt ist und weiter unten gesagt werden wird, mit den Unterthanen verständigt hat, ein Solcher wird immer nur mit der größten Behutsamkeit befehdet werden, da die Menschen immer denen Unternehmungen feind sind, bei welchen die Schwierigkeiten sehen, und Leichtes eben nichts zu sehen ist bei der Befehdung eines Mannes, der eine tüchtige Veste hat und von dem Volke nicht gehaßt wird. Die Freiesten sind die deutschen Städte: sie haben wenig plattes Land, gehorchen dem Kaiser, wenn sie wollen, und fürchten weder diesen, noch andre Gewaltige in ihrer Nähe, weil sie dermaßen befestigt sind, daß Jedem die Erstürmung derselben langweilig und beschwerlich scheint; indem sie alle die nöthigen Gräben und Mauern, genugsames Geschütz, und in den Gemeine-Speichern zu trinken, und ohne Verlust der Stadt, haben sie immer im Commun auf ein Jahrlang Arbeit für sie in Vorrath, womit sie sie in denen Gewerben beschäftigen können, welche der Nerve dieser Städte und das Leben ihrer Betriebsamkeit sind, die das Volk nährt. Auch die Kriegesübungen stehen bei ihnen in Ehren, und sie halten darüber durch vielerlei Verordnungen. Ein Fürst also, der seine Stadt gehörig fest, und sich nicht verhaßt macht, kann nicht befehdet werden, und wenn ihn Einer ja schon befehdete, würde er mit Schmach wieder abziehen müssen, weil in der Welt so vieles vorfällt, daß es beinahe unmöglich ist, daß Einer mit den Truppen ein Jahrlang ihm müssig gegenüber stehen sollte. Wer aber spräche: wenn das Volk seine Besitzungen draussen hat und sie verbrennen sieht, werde es die Geduld verlieren, und über der langen Belagerung und aus Eigenliebe den Fürsten vergessen, dem erwidere ich: daß ein muthiger und ein kräftiger Fürst alle solche Schwierigkeiten immer überwinden wird, indem er bald den Unterthanen Hoffnung macht, daß das Uebel nicht lange dauern werde, bald Furcht vor des Feindes Grausamkeit, bald mit Geschick sich Derer versichert, die ihm zu vorlaut scheinen. Ueberdieß muß der Feind ihr Land vernünftiger Weise *sogleich bei seiner Ankunft* sengen und brennen, und zu der Zeit, da die Gemüther der Menschen noch zur Vertheidigung hitzig und eifrig sind; und um so minder braucht der Fürst in Sorge zu seyn: denn nach einigen Tagen, wenn die Gemüther kälter geworden, ist schon der Schade geschehen, das Uebel erlitten, es ist keine Hülfe mehr, und alsdann hangen sie ihrem Fürsten nur um so mehr an, weil ihnen scheint, daß er ihr Schuldner geworden sey, nachdem ihre Häuser zu seinem Schutze verbrannt, und ihre Güter verwüstet worden sind. Und es ist die Natur der Menschen, daß sie sich eben so durch die Wohlthat, die sie erzeigen, als durch die, so sie empfangen, einander verpflichtet halten. Demnach wird, alles wohl erwogen, es einem klugen Fürsten nicht schwer seyn, im Anfang und Verlauf der Belagerung die Bürger standhaft zu erhalten, wenn es ihm nicht an Unterhalt und an Vertheidigungsmitteln fehlt.

EILFTES KAPITEL.

Von der kirchlichen Fürstenthümern.

Es bleibt uns jetzt nur noch von den kirchlichen Fürstenthümern zu reden übrig, bei denen die Schwierigkeiten alle statt finden, *ehe* man sie besitzt. Denn man erwirbt sie entweder durch Tugend, oder durch Glück, und behauptet sie ohne das eine wie das andere, weil sie auf die in der Religion verjährten Ordnungen sich stützen, welche so mächtig und von *der* Art sind, daß ihre Fürsten dadurch am Ruder erhalten werden, sie mögen leben und sich betragen, wie es auch sey. Diese allein haben Staaten, und vertheidigen sie nicht; sie haben Unterthanen, und regieren sie nicht; und die Staaten werden ihnen wegen der Nicht-Vertheidigung nicht genommen, und um die Nicht-Regierung kümmern die Unterthanen sich nicht, noch wollen oder können sie ihnen deßwegen abtrünnig werden. Diese Fürstenthümer allein sind also die sicheren und glücklichen. Da aber die Regierung derselben von höheren Gründen geleitet wird, zu denen der menschliche Geist nicht aufreicht, so werd' ich davon zu sprechen vermeiden; weil, da sie von Gott erhöhet und erhalten werden, es das Amt eines vorlauten und vermessenen Menschen seyn würde, sie untersuchen zu wollen. Nichtsdestoweniger, wenn mich Jemand befragen sollte, woher es kommt, daß die Kirche in den zeitlichen Dingen zu solcher Größe erwachsen ist, da doch bis auf Papst Alexander die italiänischen Potentaten, und nicht einmal allein die sich Potentaten nennen, sondern selbst jeder kleinste Baron und Gutsherr sie im Zeitlichen wenig achteten, nun aber ein König von Frankreich selbst vor ihr zittern muß, den sie durch ihre Macht aus Italien verjagt und Venedig gestürzt hat — obschon dies alles bekannt ist, scheint mir nicht überflüssig, es einigermaßen in's Angedenken zurückrufen. Ehe der König Karl von Frankreich nach Italien kam, stand diese Provinz unter der Herrschaft des Papstes, Venedigs, des Königs von Neapel, des Herzogs von Mailand, und der Florentiner. Diese Mächte hatten vorauf über zweyerlei zu machen: erstlich, daß sich kein Fremder nach Italien bewaffnet wagte, und zweytens, daß keine von ihnen *mehr* Herrschaft erwürbe. Die, über welche sie am meisten wachten, waren Venedig und der Papst. Um Venedig zurückhalten, bedurfte es der Vereinigung aller der Andern, wie es bei der Vertheidigung von Ferrara der Fall war; und um den Papst darniederzuhalten, bedienten sie sich der römischen Baronen, deren Spaltung in die zwey Parteyen der Orsini und Colonneser beständigen Anlaß zu Irrungen unter ihnen gab; und indem sie so dem Pontifer die gewaffnete Faust auf's Auge setzen, hielten sie auch das Pontificat ohnmächtig und schwach: und wenn auch einmal ein muthiger Papst, wie *Sixtus*, aufstand, so konnte ihn doch weder Glück noch Weisheit jemals dieser Beschwerden überheben. Und die Kürze des Lebens war Schuld daran, weil in den zehn Jahren, die ein Papst im Durchschnitt lebte, er mit Noth die eine von den Parteyen dämpfen konnte, und wenn zum Beispiel der Eine die Colonneser vernichtet hatte, so kam ein Anderer, ein Feind der Orsini, der ihnen wieder emporhalf, und es blieb ihm keine Zeit mehr übrig, um die *Orsini* zu vernichten. So kam es, daß die zeitliche Macht des Papstes in Italien wenig geachtet wurde. Nach Diesen erschien *Alexander der Sechste*, der vor allen Fürsten der Kirche, so viel ihrer je gewesen sind, bewies, wieviel ein Papst durch Geld und Gewalt vermochte, und der durch sein Werkzeug, den Herzog von Valenza, und mit Gelegenheit des Einfalls der Franzosen, alles das vollführte, wovon ich bei den Thaten des Herzogs oben gehandelt habe. Und, obgleich seine Absicht nicht war, die Kirche, sondert den Herzog groß zu machen, gereicht doch alles was er that, der Kirche zur Vergrößerung, die nach seinem Tod und dem Sturze des Herzogs, seiner Bemühungen Erbinn ward. Darauf kam Papst *Julius*, und fand die Kirche groß, im Besitze von ganz Romanien, alle die römische Barone vernichtet, und unter den Streichen Alexanders jene Parteyen erstickt, und fand sogar den Weg zu Geldaufhäufungen eröffnet, dessen man sich bis auf Alexander noch niemals bedient hatte. Bei alle diesem beharrte Julius nicht nur, sondern er mehrte es, und bezweckte, Bologna sich zu gewinnen, Venedig zu unterdrücken, und die Franzosen aus Italien zurückzutreiben. Und diese Unternehmungen gelangen ihm alle, und für ihn um so rühmlicher, als er alles that, um die Kirche zu mehren, und keinen Privatmann. So hielt er auch die Orsinischen und Colonnesischen Factionen in der Verfassung, wie er sie fand, und obschon es unter ihnen nicht an einigen Saamen zu Irrungen fehlte, so haben dennoch zwey Dinge sie in Ruhe erhalten: erstens die Größe der Kirche, die sie schreckte; und zweytens, daß sie nicht Cardinäle hatten, die ihrer Reibungen Ursprung sind. Denn niemals werden diese Factionen Friede halten, sobald sie nur Cardinäle haben; weil diese in Rom und auswärts die Parteyungen nähren, und jene Barone genöthigt sind, sie zu vertreten, und so der Ehrgeiz der Prälaten die Zwistigkeiten und Irrungen der Barone erzeugt. So hat denn also die Heiligkeit Papst *Leo's* dieses Pontificat höchst mächtig gefunden, zu dem man hofft, daß wenn Jene es durch die Waffen vergrößert, Er durch die Milde und seine andern unzähligen Tugenden es hinfort zum höchsten Ansehen erheben werde.

ZWÖLFTES KAPITEL.

Wie viele Arten der Miliz es giebt, und von den Miethsoldaten.

Nachdem ich nun im Einzelnen alle die Eigenschaften der Fürstenthümer, von denen ich anfangs zu handeln mir vornahm, erwogen, die Gründe ihres Wohl-oder Uebelstandes von einigen Seiten betrachtet und die Mittel gezeigt, durch welche Viele sie zu erwerben und zu bewahren unternommen, bleibt mir noch übrig, im allgemeinen die Angriffs- und Vertheidigungsfälle zu untersuchen, wie sie in jedem der vorgenannten begegnen können. Wir haben oben gesagt, wie ein Fürst für gute Grundlagen sorgen müsse; wonicht, nothwendig zu Grunde gehen. Die Hauptgrundlagen, die alle Staaten, neue wie alte oder gemischte, haben können, sind gute Gesetze, und gute Waffen. Und weil, wo nicht gute Waffen sind, auch nicht gute Gesetze seyn können, und wo gute Waffen sind, die Gesetze nothwendig gut seyn müssen, so werde ich mit den Gesetzen mich nicht beschäftigen, und von den Waffen handeln. Ich sage demnach: daß die Waffen, mit welchen ein Fürst seinen Staat vertheidigt, entweder ihm eigen, oder gemiethete, oder Hülfswaffen, oder gemischte sind. Die gemietheten und die Hülfswaffen sind unnütz und gefährlich, und wer seinen Staat auf gemiethete Waffen gründet, wird niemals sicher noch fest stehen; denn sie sind uneins, ehrgeizig, treulos, ohne Zucht, tapfer von Freunden, feig vor'm Feind; sie haben weder Furcht vor Gott, noch Glauben bei Menschen, und man kommt so lange nicht zu Schaden mit ihnen, als es zu keinem Treffen kommt: und im Frieden wirst du von *ihnen*, im Kriege vom Feind geplündert. Hievon ist die Ursach: Sie haben keine weitere Liebe noch andern Antrieb, der sie im Feld erhielte, als ein wenig Sold, welches nicht hinreicht um zu bewirken, daß sie für dich sollten sterben wollen. Sie wollen wohl deine Soldaten seyn so lange du keinen Krieg vorhast; sobald es aber zum Kriege kommt, entweder laufen, oder abziehen. Dieß zu erweisen sollte mir nicht große Mühe kosten, weil das Unglück Italien's eben jetzt aus keinem andern Grunde herrührt, als daß man sich viele Jahre her auf gemiethete Waffen verlassen hat, die Dem und Jenem wohl einigen Vortheil zu Wege gebracht, und unter sich brav schienen, aber sobald der Fremde hereinkam, sich als das, was sie waren, zeigten. Daher es auch König Karlen von Frankreich verstattet ward, sich Italien's in Einem Stücke, so wie es lag, zu bemeistern. Und wer da sagte, es wären unsere Stünden daran Schuld gewesen, der hatte Recht; es waren aber nicht die er dachte, sondern die, von denen ich Rechenschaft gegeben habe. Und weil es Sünden der Fürsten waren, so traf auch diese die Strafe dafür. Ich will das Unselige dieser Waffen noch besser zeigen. Die Mieth-Feldherren sind entweder treffliche Männer, oder nicht. Wenn sie es sind, so kannst du dich ihnen nicht anvertrauen, weil sie immer nach ihrer eignen Größe trachten, entweder durch Unterdrückung deiner, ihres Gönners, oder Andrer, die du nicht unterdrückt haben willst. Wenn aber der Feldherr *nicht* brav ist, so richtet er dich in der Regel zu Grunde. Und würfe man ein, daß Jeder, der die Waffen in Händen hat, eben dieß thun werde, gemiethet oder nicht: so erwiedre ich: die Waffen führt entweder ein Fürst, oder eine Republik. Der Fürst muß in Person mitgehen und selbst das Amt des Feldherrn versehen; die Republik hat ihre Bürger zu schicken, und wenn sie einen geschickt hat, der sich nicht tüchtig zeigt, muß sie ihn ablösen, oder nöthigenfalls durch die Gesetze im Zügel halten, damit er die Grenzen nicht überschreite. Auch kehrt die Erfahrung, daß allein die Fürsten, und die bewaffneten Republiken bedeutende Fortschritte machen, die Miethstruppen aber nie etwas anders als Unheil stiften. Und nicht so leicht kommt die mit eignen Truppen bewehrte Republik in die Bothmäßigkeit eines ihrer Bürger, als die mit fremden bewaffnete. Rom und Sparta blieben viele Jahrhunderte bewaffnet und frei. Die Schweizer sind die bewaffnetsten und die freiesten. Von Miethlingstruppen des Alterthums hat man das Beispiel der Karthaginienser, die am Ende des ersten Römerkrieges von ihren Miethsoldaten beinah unterdrückt worden wären, obschon Karthago seine eignen Bürger zu Feldherren hatte. Philipp von Mazedonien ward von den Thebanern nach dem Tode des Epaminondas zum Oberfeldherrn über ihre Armee erwählt, und entriß ihnen nach dem Siege die Freiheit. Die Mailänder nahmen, als Herzog Philipp gestorben war, den Francesco Sforza gegen die Venezianer in Sold, welcher, nachdem er bei Caravaggio die Feinde geschlagen, sich mit ihnen zu Unterdrückung der Mailänder, seiner Herren, vereinigte. Sforza, sein Vater, da er im Solde der Königinn Johanna von Neapel stand, ließ sie auf einmal wehrlos im Stiche, so daß sie, um das Reich nicht einzubüßen, sich dem Könige von Arragon in den Schoos zu werfen gezwungen war. Und wenn Venedig und Florenz mit solchen Truppen ihre Herrschaft bisher vermehrt, und ihre Feldherrn sich darum doch nicht über sie zu Fürsten erhoben, sondern sie vertheidigt haben, erwiedre ich: daß die Florentiner in diesem Falle vom Ungefähr begünstigt gewesen sind; weil von den braven Feldherrn, die sie fürchten konnten, einige nicht siegten, andre Widerstand fanden, andre ihren Ehrgeiz wo anders hin richteten. Der nicht siegte, war *Johann Acuto*, von welchem man, da er nicht siegte, nicht wissen konnte, wie es um seine Treue stand: aber ein Jeder wird zugestehen daß, wenn er siegte, die Florentiner in seine Hand gegeben waren. Sforza hatte immer die Bracceschi zu Gegnern, Einer bewachte den Andern. Francesco richtete seinen Ehrgeiz auf die Lombardey, Braccio gegen die Kirche und das Königreich von Neapolis. Kommen wir aber auf das, was sich vor Kurzem zugetragen hat. Die Florentiner machten den Paul Vitelli zu ihrem Feldherrn, einen der klügsten Menschen, und der sich schon als Privatmann das größte Ansehen erworben hatte. Wenn Dieser Pisa eroberte, so wird wohl niemand läugnen, daß die Florentiner an ihn gebunden gewesen wären; denn, nahm er bei ihren Feinden Dienste, so gab es für sie keine Hülfe, und behielten sie ihn, so mußten sie ihm Gehorsam leisten. Die Venetianer, wenn man erwägt was sie vor sich gebracht, so wird sich zeigen, daß sie *so* lange sicher und rühmlich operiret, als sie den Krieg durch ihre *eignen* Leute versahen: welches war, bevor sie noch mit ihren Unternehmungen sich auf das feste Land einließen; da sich das wehrhafte Volk und der Adel tapfer erzeigte. Sobald sie aber auf dem Lande zu fechten begannen, entsagten sie dieser Tapferkeit, und dienten der italiänischen Mode. Im Anfang zwar ihres Umsichgreifens zu Lande, brauchten sie, weil sie nur wenig Gebiet dort hatten, und dabei in großem An sehn standen, nicht viel von ihren Feldherren zu befürchten. Als sie sich aber erweiterten, was unter dem *Carmignola* geschah, bekamen sie von diesem Fehler einen Vorschmack; sie sahen ein, daß er sehr tapfer war, denn sie hatten unter seiner Anführung den Herzog von Mailand aufs Haupt geschlagen: auf der andern Seite erkannten sie auch, wie lau er im Felde geworden war, glaubten daher nicht siegreich mehr mit ihm seyn zu können, und, da sie ihn weder abdanken wollten noch konnten, um nicht das Gewonnene wieder einzubüßen, so waren sie, um vor ihm sicher zu seyn, ihn zu tödten genöthigt. Sie haben darauf zu Feldherren den Bartolomeo von Bergamo, den Ruberto von San Severino, den Grafen von Pitigliano, und Solche gehabt, von denen wohl für ihren Verlust, nicht aber Gewinn zu fürchten stand: wie es *nach*her bei Vailà erging, wo sie an Einem Tage verloren, was sie achthundert Jahre lang mit so viel Anstrengungen erworben hatten: weil eben von solchen Truppen nichts kommt, als langsame, späte und schwache Gewinnste, und plötzliche, wundergleiche Verluste. Und da ich mit diesen Beispielen einmal auf Italien gekommen bin, welches so viele Jahre her von den Miethsoldaten beherrscht gewesen, so will ich diese noch etwas mehr von vorn an betrachten, damit man, wenn man Ursprung und Fortschritte sieht, sie um so eher verbessern könne. Ihr müßt bedenken daß, so bald das *Reich* in diesen letzten Zeiten aus Italien verdrängt zu werden anfing, und der Papst daselbst im Zeitlichen mehr Ansehen gewann, Italien sich in mehrere Staaten spaltete. Denn viele von den größeren Städten griffen gegen ihren Adel, der früher von dem Kaiser begünstigt, sie unterdrückt hatte, zu den Waffen; und die Kirche that ihnen Vorschub, um im Zeitlichen sich ein Ansehen zu geben. Ueber viele andre warfen sich ihre Bürger zu Fürsten auf: daher, als nun Italien fast ganz in den Händen der Kirche und einiger Freistaaten war, und jene Priester sowenig als diese andern Bürger an Waffen gewöhnt noch vertraut damit waren, fingen sie Fremde an zu besolden. Der erste, der diese Soldateska in Aufnahme brachte, war *Alberigo von Como*, der Romanier. Aus dessen Schule kamen, nebst andern, *Braccio* und *Sforza*, die ihrer Zeit die Schiedsherren von Italien machten. Auf diese folgten alle die Andern, die bis auf unsre Zeit die Waffen Italien's befehligt haben, und ihrer Tugenden Ende war, daß dieses Land von Karl geplackt, von Ludwig geplündert, von Ferdinand gebrandschatzt, und von den Schweizern ist geschändet worden. Die erste Anstalt, welche sie trafen, war, daß sie, um sich selbst in Ansehen zu setzen, dem *Fußvolke* das Ansehen entzogen. Dieß thaten sie, weil sie, als Leute ohne Land, und die von Betriebsamkeit leben mußten, mit wenigen Fußknechten sich nicht in Respect erhalten, und die Vielen nicht ernähren konnten. Darum zogen sie sich auf die Pferde ein, wobei sie in erträglicher Anzahl genährt und geehrt waren; und so weit war es gekommen, daß man in einem Heere von 20,000 Soldaten keine 2000 Fußknechte fand. Ueberdieß hatten sie alle Künste aufgeboten, um sich und den Soldaten die Mühe und Furcht zu ersparen; indem sie einander niemals im Treffen entleibten, sondern gefangen nahmen, und ohne Schwertstreich. Bei Nacht thaten sie gegen die Festungen nie einen Angriff, und aus der Festung geschah bei Nacht auf die Zelte kein Ausfall. Um das Lager zogen sie weder Verhau noch Gräben, kampirten im Winter nicht: und alle diese Dinge waren bei ihrer Miliz erlaubt und von ihnen erfunden worden, um, wie gedacht, die Mühe und die Gefahren zu meiden, bis sie damit Italien in Sklaverei und Schande gebracht haben.

DREIZEHNTES KAPITEL.

Von den Hülfssoldaten, den gemischten, und den eignen.

Die Hülfstruppen, welches die zweite Art unnützer Truppen ist, sind, wenn ein Mächtiger gerufen wird, damit er mit seinen Truppen komme, dir beizustehen und dich zu beschützen; wie es neuerer Zeit Papst *Julius* hielt, der, als er in dem Ferrarischen Feldzug, mit seinem Miethsheer die schlimmer Erfahrung gemacht, sich zu den *Hülflingen* wandte; und mit dem König Ferdinand von Spanien übereinkam, daß er mit seiner Mannschaft und Kriegsvolk ihn unterstützen sollte. Diese Truppen können nützlich und gut an sich selbst seyn; aber für den, der sie beruft, sind sie immer schädlich, weil, wenn du verlierst, du vernichtet bist, und wenn du siegst, ihr Gefangener bleibst. Und, obschon von Beispiel hiefür die alten Geschichten voll sind, will ich doch gleichwohl nicht von diesem Beispiele Papst Julius des Zweiten abgehen, da es noch frisch ist. Sein Entschluß, sich wegen Ferrara einem Fremden so gänzlich in die Arme zu werfen, konnte nicht unüberlegter seyn: aber sein gutes Glück ließ eine dritte Ursache sich hervorthun, daß er die Furcht seiner übelen Wahl nicht ärndten durfte. Denn, da seine Helfer bei Ravenna geschlagen waren, und sich die Schweizer erhuben, die die Sieger, gegen Aller, seine, wie Andrer Meinung, verjagten, so gelang ihm dennoch, weder des Feindes Gefangener zu werden, der vertrieben war, noch seiner Helfer, weil er mit andern Waffen, als mit den ihren gesiegt hatte. Die völlig wehrlosen Florentiner führten 10,000 Franzosen vor Pisa, um es zu stürmen: welcher Schritt sie in mehr Gefahren verwickelte, als sie zu keiner andern Zeit ihrer Bedrängnisse jemals bestanden hatten. Der Kaiser von Konstantinopel schickte, um seinen Nachbarn die Spitze zu bieten, 10,000 Türken nach Griechenland, die nach Beendigung des Krieges nicht daraus weichen wollen, welches der Ursprung der Sklaverei von Griechenland unter den Ungläubigen war. Wer also jeder Möglichkeit des Sieges sich begeben will, bediene sich dieser Truppen; da sie selbst noch um vieles gefährlicher als die gemietheten sind, weil mit ihnen die Niederlage ausgemacht ist: sie sind alles eins, gehorchen alle einem fremden Oberbefehl; hingegen die gemietheten haben, um dir zu schaden, auch wenn sie gesiegt, noch Zeit und bessere Gelegenheit nöthig. Da sie kein Ganzes sind, von dir zusammengebracht und besoldet, kann ein Dritter, den du über sie zum Hauptmann machst, nicht plötzlich so zu Ansehen kommen, daß er dir schadete. Mit einem Wort: bei den Miethsoldaten ist das Gefährlichere die Trägheit, bei den Hülfssoldaten die Tapferkeit. Weise Fürsten haben darum diese Truppen immer verschmäht, und sich an die *eignen* gehalten, und lieber mit den ihrigen verlieren, als mit fremden siegen wollen: sie hielten den Sieg für keinen wahren Sieg, den sie mit Anderer Waffen erwürben. Ich werde niemals Bedenken tragen, den Cäsar Borgia, und seine Handlungen anzuführen. Dieser Herzog fiel in Romanien mit Hülfstruppen ein; er führte dahin nichts als französische Völker, und nahm mit ihnen Imola und Furlì. Da aber solche Truppen ihm in der Folge nicht sicher schienen, wandte er sich zu den gemietheten, bei denen er weniger Gefahr sah; besoldete die Orsini und die Vitelli, und als er auch diese nachher im Gebrauche untreu, zweifelhaft und gefährlich fand, cassirte er sie, und wendete sich zu den eignen Leuten. Und welch ein Unterschied zwischen diesen beiden Arten von Truppen ist, kann man leicht einsehen, wenn man erwägt, welch ein Unterschied zwischen des Herzogs Gewalt war, da er noch die Franzosen allein, und da er die Orsini und die Vitelli hatte, gegen die Zeit, da er mit *seinem* Volk auf sich selbst stand: immer wird man sie gestiegen finden; und niemals ward er genugsam geachtet, als bis ein Jeder sah, daß er vollkommener Herr seiner Waffen war. Ich wollte von italiänischen und frischen Beispielen zwar nicht abgehen; doch will ich den Hiero von Syrakus nicht übergehen, da er einer der oben von mir Genannten ist. Dieser von den Syrakusanern, wie schon gedacht, zum Oberhaupt des Heeres gewählt, erkannte schnell, wie unnütz dieses Miethvolk war, weil es, wie bei uns Italiänern, von Condottieri befehligt ward: und da ihm schien, daß er sie weder behalten noch fortlassen dürfe, ließ er sie alle in Stücke hauen, und führte dann den Krieg mit seinen, und nicht mit fremder Leute Waffen. Ich will hier noch an eine Figur aus dem alten Testamente erinnern, die sich zu diesem Zwecke schickt. Als David gegen Saul sich erbot, mit dem Philistäischen Raufer Goliath zu schlagen, legte Saul, um ihm Muth zu machen, ihm seine Rüstung an, die David, sowie er sie an sich hatte, zurückwies und sagte, er könne in ihr sich nicht behaben, und wolle darum den Feind mit *seiner* Schleuder und *seinem* Messer treffen. Mit Einem Wort: die fremden Waffen fallen dir entweder vom Leibe, oder sie lasten auf dir, oder sie klemmen dich. Karl der Siebente, König Ludwigs des Eilften Vater, nachdem er durch sein Glück und seine Tugend Frankreich von den Englischen befreit, erkannte diese Nothwendigkeit, mit eignen Waffen sich zu bewehren, und führte in seinem Königreiche den Kriegsfuß der Infanterie und Gensd'armen ein. Der König Ludwig, sein Sohn, sodann hub das Fußvolk auf, und fing an Schweizer in Gold zu nehmen; welcher Irrthum nebst andern, die ihm folgten, wie es sich in der That nun ausweist, Schuld an dieses Reiches Gefahren war: denn die Ehre, die er den Schweizern gab, hat alle *seine* Soldaten entmuthigt. Da er das Fußvolk ganz aufgelöst und seine Gensd'armen an fremde Truppen gebunden hat, so sind sie nun mit Schweizern zu fechten gewohnt, und glauben nicht ohne Diese mehr siegen zu können. Daher kommt es, daß die Franzosen gegen die Schweizer zu schwach, und gegen Andre, ohne die Schweizer, nicht stark genug sind. Es sind daher die Heere Frankreichs gemischt gewesen, theils Miethlinge, theils eigne: welche Truppen vereinigt, weit besser als *blose* Miethlinge, oder als *blose* Hülfssoldaten, weit schlechter aber als eigne sind. Und dieses Beispiel kann genug seyn; denn Frankreich wäre unüberwindlich, wenn man die Einrichtungen Karl's erweitert hätte, oder bestehen lassen. Aber die wenige Klugheit der Menschen fängt Manches an, das, weil es eben nach etwas Gutem schmeckt, das Gift, so darunter liegt, nicht ahnen läßt: wie ich oben von den hektischen Fiebern bemerkte. Darum, wenn Der, welcher auf fürstlichem Posten steht, die Uebel nicht eher merkt als sie entstehen, so ist er nicht in Wahrheit weise. Und dieses ist Wenigen gegeben. Und wenn man des römischen Reiches ersten Verfall bedenken wolle, würde man finden, daß er lediglich sich seit der Zeit herschreibt, da Rom die Gothen anfing in Sold zu nehmen; weil man hiemit die Kräfte des Reichs zu entnerven anfing, und alle Stärke, die ihm entzogen ward, Jenen gab. Ich schließe daher: Kein Fürst ist sicher, wenn er nicht eigne Waffen hat, sondern vielmehr durchaus vom Glück abhängig, da er nicht Tugend hat, die ihn im Unglück vertheidigen könnte. Auch ist es von jeher die Meinung und Ansicht der weisen Männer gewesen, daß nichts so ungesund und haltlos als der Ruf einer Macht sey, die sich nicht auf ihre eignen Kräfte gründet. Und eigne Waffen sind die aus deinen Unterthanen, oder Bürgern, oder Dienern bestehen; die andern sind alle Mieth- oder Hülfssoldaten. Und die Art der Einrichtung eigner Waffen wird leicht zu finden seyn, wenn man die oben von mir erörterten Verfügungen durchgeht, und wenn man sieht, wie Philipp, Alexander's des Großen Vater, und viele Republiken und Fürsten sich bewaffnet und eingerichtet: auf welche Ordnungen ich mich in allen Stücken beziehe.

VIERZEHNTES KAPITEL.

Was dem Fürsten in Hinsicht auf Kriegswesen obliegt.

Es darf daher ein Fürst keinen andern Gegenstand noch Gedanken haben, noch irgend zu seinem Handwerk was andres wählen, außer dem Krieg und die Ordnung und Disziplin desselben, weil dieses das einzige Handwerk ist, das dem Befehlenden geziemt, und sich so kräftig erweist, daß es nicht nur die geborenen Fürsten aufrecht erhält, sondern selbst öfters Privatpersonen zu dieser Stufe befördert hat. Und im Gegentheil sieht man, daß, wenn die Fürsten mehr auf die Weichlichkeiten als auf die Waffen bedacht gewesen sind, sie ihre Staaten verloren haben. Und die erste Ursache, die dich darum bringt, ist die Verachtung dieses Handwerks; die Ursach, die dir dazu verhilft, ist die Meisterschaft in diesem Handwerk. Francesco Sforza wurde, weil er bewaffnet war, aus einem Privatmann Herzog von Mailand; und seine Söhne wurden, weil sie das Ungemach und die Anstrengungen der Waffen scheuten, aus Herzögen Privatleute. Denn das Unbewaffnetseyn, neben andern Schäden, die es dir zufügt, macht dich verächtlich, welches eine jener Schimpflichkeiten ist, vor denen ein Fürst sich hüthen muß, wie unten gesagt werden wird: denn zwischen einem Bewaffneten und einem Unbewaffneten findet gar kein Verhältniß statt; und er widerspricht der Vernunft, daß wer bewaffnet ist, von freien Stücken Dem, der es nicht ist, gehorchen, und daß der Unbewaffnete unter seinen bewaffneten Dienern sicher seyn sollte: weil, wo in dem Einen Verdacht, und im Andern Geringschätzung ist, sie unmöglich zusammen gutthun können. Und darum kann ein Fürst, der auf die Miliz sich nicht versteht, des übrigen Mißgeschicks zu geschweigen, wie gedacht, von seinen Soldaten weder geachtet seyn, noch ihnen trauen. Er darf daher die Gedanken niemals von dieser Uebung des Krieges wenden, und muß sich im Frieden darinnen mehr als im Kriege üben: was er auf zweyerlei Art thun kann: erstens mit Werken, und dann im Geiste. Und was die Werke betrifft, so muß er, außer daß er die Seinigen in guter Ordnung und Uebung erhält, immer ein fleissiger Jäger seyn, und mittelst dessen den Körper an die Strapazen gewöhnen, und nebenher die Natur des Bodens erlernen, merken, wie die Berge sich erheben, wie die Thäler ausgehen, wie die Ebenen sich flächen, die Natur der Flüsse und Sümpfe einsehen, und hierauf die größte Sorge verwenden. Zwiefach ist diese Kenntniß nützlich: ernstens lernt er sein Land so kennen, und die Vertheidigungen desselben besser verstehen; sodann begreift er mittelst der Kenntniß jener Posten und der Vertrautheit mit ihnen, leicht jeden andern Posten, den er von neuem erforschen muß; weil die Hügel, die Thäler, die Ebenen, Flüsse und Sümpfe, die z. B. in Toskana sind, mit denen anderer Provinzen gewisse

Aehnlichkeit haben; so daß man von der Erkenntniß der Posten einer Provinz mit Leichtigkeit zur Erkenntniß der andern kommen kann. Und dem Fürsten, dem diese Erfahrung fehlt, fehlt das erste nöthigste Stück zu einem Feldherrn; denn diese lehrt, mit Vortheil dem Feind entgegen gehen, Quartiere schlagen, Schaaren führen, Bataillen ordnen, Vesten belagern. Philopoimen, der Achaier-Fürst, erhält, nebst anderm Lob, womit ihn die Scribenten bedenken, auch dieses, daß er in Friedenszeiten nie etwas andres bedacht als die Fälle des Kriegs; und wenn er mit den Freunden im Freien gewesen, habe er oft angehalten, mit ihnen berathschlagt: wenn der Feind auf jener Höhe stünd, und wir mit unserm Heer auf dieser Seite, wer von uns würde im Vortheil seyn? Wie ginge man ihm sicher entgegen, und ohne die Glieder zu trennen? Wenn wir retriren wollen, wie fingen wir's an? Wenn der Feind retirirte, wie müßten wir ihn verfolgen? Und zeigte ihnen unterwegs alle Möglichkeiten, die sich im Felde ereignen können; vernahm ihre Meinung, sagte die seine, unterstützte sie mit Gründen, so daß, durch dieß fortgesetzte Bedenken, sich bei des Heeres Führung selbst niemals ein Zufall ergeben konnte, wogegen er nicht das Mittel gehabt. – Was aber die Uebung des Geistes anlangt, so muß der Fürst die Geschichten lesen, und in denselben die Handlungen der trefflichen Männer betrachten; muß sehen, wie sie in Kriegen verfahren sind, die Gründe ihrer Siege und Verluste prüfen, um diese zu fliehen, jene nachzuahmen, und muß überhaupt thun, wie so mancher treffliche Mann der Vergangenheit gethan, die, wenn vor ihnen Einer belobt und berühmt war, ihn zum Muster nahmen und Dessen Thaten und Handlungen immer bei sich führten; sowie man sagt daß Alexander der Große Achillen, Cäsar den Alexander, Scipio den Cyrus nachgeahmt habe. Und Jeder, der das von Xenophon beschriebene Leben des Cyrus liest, erkennt darauf im Leben des Scipio, wie sehr ihm diese Nachahmung zum Ruhme gereicht, und wie sehr sich Scipio in Keuschheit, Menschlichkeit, Leutseligkeit und Großmuth jenen durch Xenophon am Cyrus gepriesenen Eigenschaften genähert hat. Dergleichen Mittel muß ein verständiger Fürst beachtet, und niemals im Frieden müssig gehen, sondern davon mit Bedachtsamkeit sich einen Vorrath zurücklegen, um sich desselben zur Zeit der Noth gebrauchen zu können, damit das Glück, wenn es sich wendet, ihn fähig finde, seinen Schlägen zu widerstehen.

FÜNFZEHNTES KAPITEL.

Von denen Dingen, die den Menschen, und namentlich den Fürsten, Lob oder Tadel zuziehen.

Es bleibt jetzt zu betrachten übrig, wie eines Fürsten Art und Verhalten mit Unterthanen und Freunden seyn muß. Und, weil ich weiß daß hievon Viele geschrieben haben, besorge ich, wenn nun auch ich darüber schreibe, der Anmaasung beschuldigt zu werden, indem ich ganz vorzüglich mich in der Behandlung dieses Punktes von dem Verfahren der Andern entferne. Weil aber meine Absicht ist, etwas Nützliches für Die zu schreiben, die es verstehen, so schien es mir gerathener, der thatsächlichen Wahrheit der Dinge nachzugehen, als der Einbildung von ihnen; (wie denn Viele sich Republiken und Fürstenthümer eingebildet, die man niemals gesehen noch in der Wirklichkeit hat kennen lernen): da, wie man *lebt,* und wie man leben *sollte,* in meinen Augen so weit von einander abliegt, daß, wer das, was geschieht, um das, was geschehen sollte, verabsäumt, eher seinen Untergang als seine Errettung erleben wird, insofern ein Mensch, der in allen Stücken zum Guten sich bekennen wollte, unter so Vielen, die nicht gut sind, zu Grunde gehen muß. Es ist daher einem Fürsten, der sich behaupten will, nöthig, daß er lerne, nicht gut seyn zu können, und hievon Gebrauch oder nicht zu machen, nachdem es noth thut. Indem ich also die *Einbildungen,* in fürstlichen Dingen, bei Seite lasse und Wirkliches prüfe, so sage ich: daß alle Menschen, sofern man über sie redet, und besonders die Fürsten, weil Diese höher gestellt sind, nach einer der Eigenschaften bezeichnet werden, die ihnen Lob oder Tadel bringen. Dieß macht, daß der Eine für freigebig gilt, der Andre für karg, [misero]; (ein Toskanisches Wort, weil *geizig* in unsrer Sprache auch Der ist, der durch Raub die Habsucht zu sättigen strebt; *karg* nennen wir Den, der zu sehr sich enthält, von dem, was sein ist, Gebrauch zu machen): den Einen hält man für einen Spender, einen Andern für räuberisch; den Einen für grausam, den Andern für gütig; Einen für treubrüchig, den Andern für treu; den Einen für weibisch und feig, den Andern für wild und muthig; Einen für glimpflich, den Andern für herrisch; Einen für geil, den Andern für keusch; den Einen für redlich, den Andern für listig; Einen für hart, den Andern für läßlich; Einen für streng, den Andern für locker; Einen für fromm, den Andern für freigeistig, und so fort. Ich weiß, ein Jeder würde gestehen, es wäre das Löblichste, wenn sich ein Fürst von allen den obigen Eigenschaften, die man für gut hält, fände; aber, weil man sie nicht vollständig haben noch hegen kann, der menschlichen Verhältnisse wegen, die es verbieten, so hat er so viel Klugheit nöthig, daß er die Schande derer Laster, die ihm den Staat entreißen würden, zu fliehen wisse; und vor denen, durch die er nicht darum kommt, sich hüthe, wenn's möglich ist: wäre es aber nicht möglich, so kann er sich diesen mit minderer Rücksicht überlassen. Und so kümmere ihn auch nicht die Schande derer Laster sich zuzuziehen, ohne welche er schwerlich den Staat sich erhalten könnte: denn wenn man alles wohl erwägen will, so wird sich finden, daß etwas als Tugend erscheinen kann, das, wenn er es befolgen wollte, sein Untergang wäre, und etwas andres erscheint als Laster, aus dessen Befolgung ihm Sicherheit und Wohlstand erwächst.

SECHSZEHNTES KAPITEL.

Von der Freigebigkeit und Kargheit.

Um nun bei den ersten der vorgenannten Eigenschaften den Anfang zu machen, sage ich: es wäre gut, für freigebig gehalten zu werden. Gleichwohl, wenn du die Freigebigkeit so ausübst, daß man dich nicht dafür hält, so schadet sie dir; weil, wenn dieselbe tugendhaft, und so wie es seyn soll, ausgeübt wird, sie unbekannt bleibt, und du den Schimpf ihres Gegentheils nicht los wirst. Mithin ist man genöthigt, wenn man sich unter den Menschen einen freigebigen Namen erhalten will, kein Erforderniß des Aufwands zu sparen: also, daß immer ein solcher Fürst mit dergleichen Werken sein ganzes Vermögen erschöpfen, und endlich gezwungen seyn wird, das Volk ausserordentlich zu beschweren, fiskalisch zu Werke zu gehen, und alle Mittel hervorzusuchen, wodurch man Geld erpreßt. Dieß fängt ihn an bei den Unterthanen verhaßt, und sonst überall geringgeschätzt zu machen, als einen Verarmenden; dergestalt, daß er, nachdem er mit dieser seiner Freigebigkeit sehr Viele verletzt, und Wenige begnadigt hat, jeden ersten Unfall empfindet, jeder ersten Gefahr blossteht; und wenn er, dieß nun bemerkend, damit inne halten will, sich sogleich den Schimpf der Kargheit zuzieht. Ein Fürst daher, der diese Tugend der Freigebigkeit nicht ohne seinen Schaden so ausüben kann, daß sie kundig würde, muß, wenn er klug ist, um den Namen des Kargen sich nicht kümmern; weil man mit der Zeit ihn immer mehr für freigebig halten wird, wenn man sieht, daß er mit seinen Revenuen, vermöge seiner Sparsamkeit auskommt, gegen Ueberfälle sich wehren, etwas unternehmen kann, ohne Druck des Volks: so daß er zuletzt gegen alle Die freigebig sich erwiesen hat, denen er nichts annimmt, deren Unzählige sind; karg aber nur gegen Jene, Denen er nichts giebt: deren Wenige sind. In unsern Zeiten haben wir gar nichts Großes geschehen sehen, außer durch Solche, die man für karg hielt, und die Andern sind zu nichte geworden. Papst *Julius der Zweyte*, sobald er sich seines Rufes der Freigebigkeit zu Vergrößerung des Papstthums bedient, dachte darnach nicht weiter daran, ihn sich zu erhalten, um gegen den König von Frankreich den Krieg bestreiten zu können; und hat so viele Kriege geführt ohne Einführung ausserordentlicher Steuern neben den alten, weil seine lange Sparsamkeit den Zuwachs des überflüssigen Aufwands gedeckt hatte. Wenn der gegenwärtige König von Spanien für freigebig wäre gehalten worden, er würde so viele Unternehmen nicht angefangen noch durchgesetzt haben. Um also die Unterthanen nicht berauben zu müssen, um nicht arm und verächtlich zu werden, indem er sich nicht will nöthigen lassen ein Räuber zu seyn, darf es ein Fürst nur wenig achten, ob er den Namen des Kargen sich zuzieht, weil dieses eines der Laster ist, die ihn herrschen machen. Und wenn Einer spräche: Cäsar kam durch die Freigebigkeit zum Regiment, und viele Andre sind, weil sie freigebig waren und dafür galten, zu den höchsten Stufen emporgestiegen, erwiedre ich: Entweder bist du schon ein Fürst, oder du bist auf dem Weg es zu werden. Im ersten Fall ist diese Freigebigkeit nachtheilig; im zweyten thut es schon noth, für freigebig zu gelten. Und Cäsar war Einer von *Diesen*, denn er wollte zum Fürstenthum über Rom gelangen; hätte er aber, nachdem er dazu gelangt war, weiter gelebt und jenen Aufwand nicht ermäßigt, so würde er jenes Regiment zerrüttet haben. Und wenn man entgegnete: es sind Viele Fürsten gewesen, und haben mit ihren Heeren große Dinge gethan, die doch für höchst freigebig gehalten wurden; antworte ich dir: Entweder verthut der Fürst sein eignes und seiner Unterthanen Vermögen, oder fremdes. Im ersten Fall muß er sparsam seyn: im andern darf er an keinem Stücke der Freigebigkeit es fehlen lassen. Auch ist einem Fürsten, der mit Heeren einherzieht, sich von Beute, Plünderung und Steuern nährt und mit fremdem Gute schaltet, diese Freigebigkeit unerläßlich, weil ihm sonst die Soldaten nicht folgen würden; und was nicht dein, noch deiner Unterthanen ist, davon kannst du reichlicher spenden, wie Cyrus, Cäsar und Alexander thaten: weil das Verthun des fremden Gutes kein Ansehn dir raubt, vielmehr es vergrößert. Blos das Verthun des Deinigen ist, was dir schadet; und es giebt nichts, das sich so sehr selbst aufzehrt, als die Freigebigkeit, weil, indem du sie übst, du die Mittel, sie zu üben, verlierst und dich entweder arm oder schlecht machst, oder zum Räuber und verhaßt, wenn du die Armuth vermeiden willst. Und unter allem, wovor ein Fürst sich hüthen muß, stehen oben an: die Geringschätzung und der Haß; zu beiden führt dich aber die Freigebigkeit. Darum ist es mehr Weisheit, den Namen des Karges, der einen Schimpf *ohne* Haß gebiert, zu behalten, als, um den Namen des Freigebigen zu erwerben, den des Raubers auf sich laden zu müssen, der einen Schimpf *mit* Haß gebiert.

SIEBZEHNTES KAPITEL.

Von der Grausamkeit und Milde, und ob es besser ist, geliebt, oder gefürchtet zu werden.

Ich gehe hiernächst zu den andern oben erwähnten Eigenschaften über, und sage: Ein jeder Fürst muß wünschen, für gütig, und nicht für grausam zu gelten. Nichtsdestoweniger muß er bedacht seyn, diese Güte nicht übel anzuwenden. Cäsar Borgia galt für grausam; nichtsdestoweniger hatte diese seine Grausamkeit Romanien wiederhergestellt, es vereinigt, Treue und Friede darin befestigt. Erwägt man dieß wohl, so wird man sehen, daß er bei weitem gütiger als das Florentinische Volk gewesen ist, welches, um nicht als grausam verrufen zu werden, Pistoja zerstören ließ. Es darf daher ein Fürst um den Namen des Grausamen sich nicht kümmern, wenn er seine Unterthanen einig und treu erhalten will; denn, mit Statuirung sehr weniger Exempel, wird er gütiger seyn, als Jene, die aus zu großer Güte die Unordnungen einreißen lassen, aus denen Mord und Raub entspringt: denn diese pflegen eine ganze Gemeinheit zu kränken: jene Executionen aber, die vom Fürsten ausgehen, kränken nur einen Einzelnen. Und vor allen Fürsten ist es dem *neuen Fürsten* unmöglich, den Namen des Grausamen zu umgehen, weil die neuen Staaten voller Gefahr sind. Weßhalb Virgil durch den Mund der Divo die Unmenschlichkeit ihrer Regierung entschuldigt, weil diese *neu* sey, indem sie sagt:

Res dura, et regni novitas me talia cogunt
Moliri, et late fines custode tueri.

Nichtsdestoweniger muß er langsam zum Glauben und Beschließen seyn, und muß sich nicht selber zu fürchten machen; sondern mit Klugheit und Menschlichkeit so gemäßigt zu Werke gehen, daß weder zu großes Vertrauen ihn unvorsichtig, noch zu großes Mistauen unleidlich mache. Hieraus entsteht die Frage: ob es besser sey, geliebt zu werden als gefürchtet, oder besser gefürchtet zu werden als geliebt? Ich antworte: beides sollte man seyn. Weil es sich aber schwer zusammen vereinigen läßt: daß sie undankbar, veränderlich, zur Verstellung geneigt, den Gefahren abhold, begierig nach Gewinne sind; und so lange du ihnen Gutes thust, sind sie alle dein, verschreiben dir ihr Blut und Leben, Habe und Kinder, wie schon gesagt, wenn das Bedürfniß im Weiten liegt; wenn es aber herankommt, empören sie sich: und der Fürst, der sich, entblößt von andern Vorkehrungen, auf ihre Worte allein gestützt hat, geht unter; weil die Freundschaften, die man um Lohn, und nicht durch Größe und Adel des Geistes sich erwirbt, auf Zinsen stehen; aber man hat sie nicht, und kann sie im Falle nicht verwenden. Und die Menschen nehmen weniger Anstand, Einen, der sich lieben macht; weil die Liebe an einem Bande hängt, das, da die Menschen schlimm sind, auf jeden Anlaß des eignen Nutzens zerrissen wird; hingegen die Furcht hängt fest an einem Schrecken vor Strafe, welches dich niemals verläßt. Es muß nichtsdestoweniger der Fürst dich dergestalt fürchten machen, daß, wenn er die Liebe auch nicht gewinnt, er den Haß doch vermeide (da es sehr wohl zusammen bestehn kann, gefürchtet, und nicht gehaßt zu werden, welches er immer erreichen wird, so lange er sich des Eigenthums seiner Unterthanen und Bürger, und ihrer Frauen enthält): und wenn er dennoch genöthigt wäre, gegen das Leben eines derselben zu verfahren, darf er's nicht thun ohne hinreichende Rechtfertigung und in die Augen springende Gründe. Aber vor allem muß er sich fremden Besitzes enthalten, weil die Menschen eher dem Tod des Vaters, als den Verlust des Erbguts verschmerzen. Ausserdem fehlt es, die Güter zu nehmen, niemals an Gründen, und immer findet Einer, der sich vom Raube zu leben gewöhnt, Anlässe, des Fremden sich anzumaaßen: hingegen wider das Leben sind sie seltener, und fehlt eher daran. Wenn aber ein Fürst mit den Heeren ist, und eine Menge Soldaten befehligt, dann ist es ganz unerläßlich, sich um den Namen des Grausamen nicht zu kümmern; weil *ohne* diesen Namen niemals ein Heer in Einheit noch geneigt für eine Sache erhalten ward. Unter die staunenswürdigen Thaten des *Hannibal* wird auch die gezählt, daß in dem ungeheuern Heere, welches er, aus unzähligen Menschen-Arten gemischt, in ein fremdes Land zu Führung des Krieges geleitet hatte, sich niemals weder unter ihnen, noch gegen den Fürsten ein Zwiespalt erhub, sowohl in seinem schlimmen Glück, als auch im guten: wovon nichts andres der Grund seyn konnte, als diese seine unmenschliche Grausamkeit, die, nebst seinen unzähligen Tugenden, ihn immer ehrwürdig und furchtbar in den Augen seiner Leute erhielt, und ohne die seine anderen Tugenden jene Wirkung hervorzubringen nicht ausgereicht hätten. Die unbedachtsamen Schriftsteller gleichwohl bewundern auf der einen Seite diese seine Handlungen, und auf der andern verdammen sie die wesentlichste Ursach derselben. Und wie wahr es sey, daß seine übrigen Tugenden ihm nicht ausgereicht hätten, lehrt Scipio, einer der Seltensten, nicht blos in seinen Tagen, sondern im ganzen Angedenken der Dinge, von denen man etwas weiß. Wider diesen empörte sich seine Armee in Spanien, woran nichts andres Schuld war als seine zu große Güte, die den Soldaten mehr Freiheit zugestanden hatte, als mit der Kriegszucht sich vertrug. Fabius Maximus warf ihm dieß im Senate vor, und nannte ihn den Verderber der römischen Miliz. – Die Lokrer, die ein Legat des Scipio geplündert hatte, wurden von ihm nicht gerächt, noch dieses Legaten Frechheit gezüchtigt, alles Folgen dieser seiner gelinden Natur. So daß Jemand, der im Senat ihn entschuldigen wollte, sagte, es gäbe viele Menschen, welche sich besser darauf verstünden keine Fehler zu begehen, als Andrer Fehler zu verbessern. Welchen Natur mit der Zeit den Ruf und Ruhm des Scipio entstellt haben würden, wenn er im Regimente dabei beharrt wär; aber unter der Leitung des Senates verbarg sich diese schädliche Eigenschaft nicht nur, sondern gereichte zu seinem Ruhme. Ich schließe also, um wieder auf Furcht und Liebe zu kommen, daß, da die Menschen nach *ihrem* Willen *lieben,* und nach dem Willen des Fürsten *fürchten,* sich ein weiser Fürst auf das, was sein, nicht auf das, was der Andern ist, stützen muß. Blos, wie gesagt, den Haß zu meiden muß er sich befleißigen.

ACHTZEHNTES KAPITEL.

Auf welche Weise die Fürsten Treu' und Glauben halten müssen.

Wie löblich die Bewahrung der Treue, ein lauterer Wandel und ohne List, an einem Fürsten sey, sieht Jeder. Nichtsdestoweniger lehrt die Erfahrung in unsern Zeiten, daß eben *die* Fürsten Großes vollbracht, die auf die Treue wenig gegeben, und die Gehirne der Menschen mit List zu bethören gewußt, und daß sie zuletzt *Die* überwältigt, deren Richtschnur die Ehrlichkeit war. Ihr müßt daher wissen, daß es *zwey* Arten des Kampfes giebt, die eine durch die Gesetze, die andre durch die Gewalt. Jene erste Art ist den Menschen eigen, die andre den Thieren. Weil aber die erste öfters nicht ausreicht, muß man die Zuflucht zur zweyten nehmen; daher ein Fürst der Wissenschaft bedarf, das Thier, wie den Menschen, beides wohl anzuwenden. Dieser Punkt ist den Fürsten verblümt von den alten Autoren gelehrt, die schreiben, wie Achilles und viele Andre jener alten Fürsten den Centauren Chiron zur Pflege gegeben worden, damit er sie unter seiner Zucht bewachte: welches Erzieheramt eines halb Thier- halb Menschenwesens nichts anderes besagen will, als daß ein Fürst die eine wie die andere Natur zu brauchen wissen muß, und die eine ohne die andre nicht Halt hat. Da also ein Fürst genöthigt ist, sich auf den Gebrauch des *Thieres* wohl zu verstehen, so soll er von diesen den *Fuchs* und den *Löwen* nehmen, weil der Löwe nicht vor den Schlingen sich hüthen kann, der Fuchs sich nicht vor den Wölfen sichert. Er muß daher Fuchs seyn, um die Schlingen zu erkennen, und Löwe seyn, um die Wölfe zu schrecken. Die, welche sich nur auf den Löwen legen, verstehen es nicht. Es kann deßhalb ein kluger Herr die Treue nicht halten, noch darf er es, wenn ihm dieß Halten zum Schaden ausschlüg, und die Gründe, aus denen er sie versprach, erloschen sind. Und, wären die Menschen alle gut, so würde diese Vorschrift nicht gut seyn: weil sie aber schlimm sind, und ihre Treue dir nicht halten würden, so hast Du sie ihnen auch nicht zu halten. Und niemals werden einem Fürsten gesetzliche Gründe zu Beschönigung des Nichthaltens fehlen. Hievon könnte man unzählige neuere Beispiele geben, und zeigen, wie viele Friedensschlüsse, wie viele Versprechungen durch Untreue der Fürsten rückgängig und zu nichte geworden, und wie es Dem, der den *Fuchs* am besten zu brauchen verstanden, am besten geglückt ist. Nothwendig aber ist, daß man diese Natur wohl zu beschönigen wisse, und in der Kunst sich zu stellen, wie zu verstellen, groß sey. Auch sind die Menschen so einfältig, gehorchen so sehr den Nöthigungen des Augenblick, daß der Betrügende immer Einen, der sich betrügen läßt, finden wird. Ich will von den frischen Beispielen Eines nicht verschweigen: *Alexander der Sechste* that nie etwas andres als Menschen betrügen, noch dachte er je auf andres, und fand auch immer die Gegenstände dafür. Es hat niemals einen Menschen gegeben, der größeren Ernst im Betheuern gezeigt, mit höheren Schwüren etwas bestärkt, und es weniger gehalten hätte. Nichtsdestoweniger gelangen ihm immer seine Betrüge nach Wunsch, weil er diesen Theil der Welt wohl kannte. – Einem Fürsten mithin thut es nicht noth, alle obigen Eigenschaften zu *haben*, wohl aber thut noth, daß er *scheine*, sie zu haben. Ja, ich wage zu sagen: daß, wenn er sie hat, und immer befolgt, sie ihm schädlich sind, und wenn er sie scheint zu haben, nützlich; als: gütig, treu, fromm, menschlich, redlich scheinen, und seyn; doch das Gemüth in solcher Fassung zu halten, daß, wenn es nöthig wird, es nicht zu seyn, du das Gegentheil hervorzukehren die Kraft und den Witz habest. Und zu beherzigen bleibt dieß: daß ein Fürst, zumal ein *neuer* Fürst, nicht alle die Dinge befolgen kann, derentwegen man die Menschen für gut hält; indem er, um den Staat zu behaupten, häufig genöthigt ist, gegen die Treue, gegen die Liebe, die Menschlichkeit, gegen die Religion zu wirken. Deßhalb sein Geist beständig bereit, sich zu wenden seyn muß, nachdem es die Stürme und Wechsel des Glückes ihm gebieten, und, wie ich oben sagte, vom Guten nicht abgehen, wenn er kann, doch ins Uebel auch eingehen können, wenn genöthigt. Es soll daher ein Fürst gar sehr sich hüthen, aus seinem Munde irgend was kommen zu lassen, das nicht voll der fünf Eigenschaften wäre: er scheine, wenn man ihn sieht und hört, ganz Güte, ganz Treue, ganz Menschlichkeit, ganz Redlichkeit, ganz Religion. Und zwar ist nichts nothwendiger daß man es zu besitzen scheine, als *diese letztere* Eigenschaft; da die Menschen im allgemeinen mehr nach den Augen, als nach den Händen schließen weil zu *sehen* einem Jeden gegeben ist, zu *fühlen*, Wenigen. Jeder sieht was Du scheinest, Wenige fühlen was Du bist: und diese Wenigen wagen sich nicht, der Meinung der Vielen, die die Majestät des Staates zum Schutze für sich haben, zu widersetzen; und bei den Handlungen aller Menschen, hauptsächlich aber der Fürsten, (wo es über Beschwerden kein Gericht giebt) wird auf's Ende gesehen. Es sorge demnach ein Fürst, die Oberhand und den Staat zu behaupten, so werden die Mittel immer ehrenvoll, und von jedermann löblich befunden werden: weil der Pöbel immer von dem, was scheint, und der Dinge Erfolg befangen wird; und in der Welt ist nichts als Pöbel. Die *Wenigen* finden nur dann eine Stelle darin, wenn die Vielen keine Stütze haben, an welche sie sich lehnen können. Ein gewisser Fürst dieser heutigen Zeit, den man zu nennen nicht rathsam findet, predigt nichts andres als Treue und Frieden, und eines wie das andre würde, wenn er es hätte halten wollen, ihm mehr als einmal entweder das Ansehn oder die Herrschaft gekostet haben.

NEUNZEHNTES KAPITEL.

Daß man vermeiden muß, geringgeschätzt und gehaßt zu werden.

Da ich aber die wichtigsten der oben erwähnten Eigenschaften besprochen habe, so will ich die andern kurz unter diese allgemeine Regel fassen: *daß, (wie zum Theil schon oben gesagt ward) der Fürst bedacht sey, alles, was ihn verhaßt oder verächtlich macht, zu vermeiden.* Und allemal, sobald er dieses vermieden hat, wird er sein Amt wohl ausgefüllt haben, und sonstige Schimpflichkeiten für ihn ganz ohne Gefahr seyn. Verhaßt macht ihn vor allem, wie ich sagte, die Raubgier und Usurpation der Güter und der Frauen seiner Unterthanen, deren er sich enthalten muß. Und so lange man dem Ehrgeiz einiger Wenigen zu kämpfen, der sich auf vielerlei Art und mit Leichtigkeit bezähmen läßt. Verächtlich macht ihn, wenn man ihn für unstet, weibisch, leichtgesinnt, kleinmüthig, unentschlossen hält; wovor ein Fürst, wie vor einer Klippe sich hüthen, und dahin streben muß, daß man in seinen Handlungen Größe, Beherztheit, Würde, Festigkeit erkenne; in den Privatgeschäften der Unterthanen seinen Spruch unwiderruflich gelten machen, und sich in solcher Meinung erhalten, daß niemand ihn zu berücken, noch ihm etwas vorzuspiegeln sich beigehen lasse. Der Fürst, der diese Meinung von sich erweckt, ist angesehen genug, und wer genugsam angesehen ist, gegen den verschwört man sich nicht leicht, und er wird nicht leicht überfallen: wofern man nur von ihm weiß daß er trefflich ist, und von den Seinigen verehrt. Darum soll ein Fürst zwey Befürchtungen haben: eine innere, wegen der Unterthanen, eine äußere, wegen der fremden Mächte. Vor *dieser* schützen ihn gute Waffen, und gute Freunde; und immer, so lang er gute Waffen hat, wird er auch gute Freunde haben, und werden immer die inneren Angelegenheiten feststehen, sobald die äußeren feststehen; es müßte denn eine Verschwörung sie stören. Und wären auch schon die äußeren erschüttert, wird er doch, bei einer Einrichtung und Lebensart wie die gedachte, wenn er sich selbst nur nicht aufgibt, immer jeden Angriff bestehen, wie ich sagte daß der Spartaner Nabis that. Hinsichtlich der *Unterthanen* aber, wenn äußerlich nichts erschüttert ist, hat er zu fürchten daß sie sich heimlich verschwören können, wovor ein Fürst sich genugsam sichert, wenn er es meidet, gehaßt und geringgeschätzt zu werden, und das Volk mit sich zufrieden erhält; wohin man nothwendig es bringen muß, wie dieß schon oben ausführlich gezeigt wurde. Und eines der kräftigsten Gegenmittel, die ein Fürst wider Verschwörungen hat, ist, eben von der Menge nicht geringgeschätzt oder gehaßt zu werden; weil immer wer sich verschwört, durch den Tod des Fürsten das Volk zu befriedigen glaubt; wenn er es aber zu beleidigen glauben muß, so faßt er das Herz nicht, einen solchen Schritt zu thun, da der Schwierigkeiten auf Seiten der

Verschworenen unzählige sind. Und die Erfahrung lehrt es auch, daß es viele Verschwörungen gegeben, und wenige ein gutes Ende genommen haben: weil, sich verschwört, nicht allein stehen kann; noch Genossen suchen, ausser bei denen, von welchen er glaubt daß sie mißvergnügt sind; und sobald du dein Herz einem Mißvergnügen eröffnest, giebst du ihm auch Gelegenheit, sich zu vergnügen; weil, wenn er es anzeigt, er davon jede Gemächlichkeit sich versprechen darf: so daß er, der auf der einen Seite den sichern Gewinn, und auf der andern den mißlichen sieht, nothwendig wohl entweder ein seltener Freund seyn muß, oder ein gar verstockter Feind des Fürsten, wenn er dir treu bleiben soll. Und um die Sache ins Kurze zu fassen, sage ich, daß auf Seiten des Verschworenen nichts als Eifersucht, Furcht, Besorgniß vor Strafe ist, die ihn schreckt. Auf Seiten des Fürsten aber ist die Majestät des Fürstenthums, die Gesetze, der Schutz der Freunde und des Staates, die ihn vertheidigen; so daß, wenn noch zu alle dem die gute Gesinnung des Volkes kommt, unmöglich Einer so dreist seyn wird, sich zu verschwören. Daher ein Verschworener, der in der Regel zu fürchten hat *vor* der Vollbringung des Bösen, in diesem Falle auch nachher sich fürchten muß, indem er das Volk nach geschehener Unthat zum Feinde bekommt, und eben deßhalb auf keinerlei Zuflucht zu rechnen hat. Von diesem Falle ließen sich unzählige Beispiele geben; ich will mich aber mit einem einzigen begnügen, das sich bei unsrer Väter Gedenken ereignet hat. Als Herr Hannibal *Bentivogli*, Großvater des jetzigen Hannibal und Fürst zu Bologna, von den Canneschi, die wider ihn sich verschworen hatten, ermordet worden, und weiter niemand von ihm nachblieb als Herr Johann, der noch in Windeln lag, erhub sich auf diese Mordthat plötzlich das Volk, und tödete alle Canneschi; was eine Wirkung der Volksgunst war, deren das Haus der Bentivogli zu jener Zeit in Bologna genoß: und so groß war diese, daß, da nach dem Tod des Hannibal niemand übrig war, der den Staat zu regieren geschickt gewesen, und man erfuhr daß noch zu Florenz ein Sprößling der Bentivogli wär, den man bisher für den Sohn eines Schmidtes gehalten hatte, die Bologneser um Dessentwillen sich nach Florenz begaben, und ihm die Regierung ihrer Stadt übertrugen, welche so lange von ihm verwaltet ward, bis Herr Johann in die Jahre kam, um selbst regieren zu können. Ich schließe daher, daß sich ein Fürst nicht viel aus Verschwörungen zu ma chen braucht, wenn das Volk ihm günstig ist: ist es ihm aber feind und gehässig, dann hat er auch alles, und Alle zu fürchten. Und haben die wohl geordneten Staaten und weisen Fürsten mit allem Fleiße darauf gedacht, die Großen nicht zur Verzweiflung zu treiben, sowie dem Volke genug zu thun, und es bei Gutem zu erhalten; denn es ist dieß eine der wichtigsten Sorgen, die ein Fürst nur haben kann. – Unter den wohl geordneten und verwalteten Staaten unserer Zeit ist der französische; und man findet in diesem unzählige gute Einrichtungen, auf denen die Freiheit und Sicherheit des Königs beruht. Von welchen die erste das

Parlament und dessen Gewalt ist. Denn es kannte, Der diesem Reiche zuerst die Verfassung gab, den Ehrgeiz der Mächtigen und ihre Frechheit; und da er Diesen einen Zaum in den Mund zu legen nöthig fand, der sie zügelte, und auch andrerseits den auf die Furcht gegründeten Haß der Menge gegen die Großen kannte, so wollte er die Aufrechterhaltung der Sicherheit nicht der besonderen Sorge des Königs überlassen, um diesem den Vorwurf zu ersparen, den die Großen, wenn er das Volk begünstigt, oder das Volk ihm machen können, wenn er die Großen begünstigt hätte; und setzte darum ein drittes Gericht ein, dazu bestimmt, ohne Vorwurf des Königs, die Großen darniederzuhalten, und die Kleinen zu begünstigen. Diese Verfassung konnte nicht besser noch klüger, für die Sicherheit des Königs und des Königreiches nichts wirksamer seyn. Woraus sich eine andre Regel ergiebt: daß Fürsten alle verantwortliche Sachen von Andern müssen verwalten lassen, die Gnadensachen aber sie selbst. Ferner schließe ich, daß ein Fürst die Großen achten, aber sich nicht vom Volke hassen muß. – Vielen möchte vielleicht, in Betracht des Lebens und Todes mehrerer Römischer Kaiser, scheinen, als wenn sie dieser meiner Meinung zuwiderlaufende Beispiele wären, indem sich Mancher fände, der, ob er gleich stets musterhaft gelebt und großer Tugend des Geistes bewiesen, doch um das Reich gekommen, oder den Tod von den Seinigen erlitten habe, die wider ihn sich verschwuren. Um auf diese Einwürfe Antwort zu geben, werde ich nun die Eigenschaften einiger Kaiser durchgehen und zeigen, wie ihres Sturzes Veranlassungen nicht unverträglich mit dem vom mir Behaupteten waren, und nebenher die Umstände in Erwägung ziehen, auf die man beim Lesen der Handlungen aus jener Zeit zu achten hat. Und es soll mir die Reihe der Kaiser genügen, die sich vom Marcus Philosophus an bis auf Maximinus im Reiche gefolgt sind, welche waren: Marcus, sein Sohn Commodus, Pertinar, Julianus, Severus, Antonius, sein Sohn Caracalla, Macrinus, Heliogabalus, Alexander und Maximinus. Und zu beachten ist voraus, daß, wenn in den andern Fürstenthümern blos gegen den Ehrgeiz der Großen und den Uebermuth des Volkes gekämpft zu werden braucht, die römischer Kaiser noch eine dritte Schwierigkeit hatten, indem sie die Grausamkeit und die Habsucht der Soldaten genehmigen mußten; was ein so schwieriger Umstand war, daß er selbst Vielen den Untergang brachte: da es nicht leicht ist, den Soldaten, und auch dem Volke genug zu thun. Denn das Volk liebt die Ruhe, und liebte darum bescheidene Fürsten, und die Soldaten liebten einen kriegerisch gesinnten, einen der übermüthig, und räuberisch und grausam war. So wollten sie daß er das Volk behandeln sollte, damit sie den Sold doppelt bekämen, und ihre Habsucht und Grausamkeit befriedigen könnten. Und daher kam es, daß jene Kaiser, die weder von Natur noch durch Kunst ein so großes Ansehen hatten, um beide Parteyen zu zügeln, immer zu Grunde gingen, und daß sich die Meisten derselben, zumal die als Neulinge zum Thron gelangten, sobald sie mit dieser Gefahr der zweyerlei Stimmungen bekannt wurden, darauf legten, den Soldaten genugzuthun, und aus der Bedrückung des Volkes sich kein Gewissen machten; welches Verfahren nothwendig war; denn da die Fürsten nie hindern können, von Einigen gehaßt zu werden, so müssen sie vorerst sich bestreben, nicht von der Masse gehaßt zu werden, und wenn sie dieß nicht erreichen können, müssen sie mit allem Fleiß dahin trachten, dem Hasse derer Massen zu entgehen, welche die mächtigeren sind. Und eben deßwegen schloßen sich die Kaiser, die lieber an die Soldaten an, als an das Volk: was ihnen gleichwohl zum Nutzen oder auch nicht gerieth, jenachdem der Fürst bei ihnen sich in Ansehn zu behaupten wußte. Aus diesen erwähnten Gründen kam es, daß Marcus, Pertinar, Alexander, alles Männer von mäßigen Sitten, Liebhaber der Gerechtigkeit, Feinde der Härte, leutselig, menschlich, alle, bis auf Marcus, ein übles Ende nahmen. Der einzige Marcus lebte und starb auf das höchste geehrt, weil er durch Erbrecht zum Throne gelangt war, und weder den Soldaten, noch dem Volke ihn zu verdanken hatte: sodann, begabt mit vielen Tugenden, die ihn achtbar machten, hielt er immer, so lang er lebte, beide Klassen in ihren Schranken, und ward nie weder gehaßt, noch verachtet. Pertinar aber ward wider den Willen der Soldaten zum Kaiser gewählt, die, unter Commodus an ein Leben voll Ungebundenheit gewöhnt, diese ehrbare Lebensart, zu welcher sie Pertinar anhalten wollte, nicht ertragen konnten; so daß er, der sich Haß, und dazu noch, weil er alt war, Verachtung erworben, im ersten Anfang seiner Verwaltung den Untergang fand. Daher ist zu merken: daß man sowohl mit guten als mit bösen Werken sich Haß verdient, und ist deßhalb, wie ich oben sagte, ein Fürst, der den Staat behaupten will, öfters gezwungen, nicht gut zu seyn; weil, wenn die Mehrheit, sey es das Volk, Soldaten oder Große, die du zu deiner Behauptung dir nothwendig glaubst, verdorben ist, du deren Launen huldigen und sie befriedigen mußt; und dann sind dir die guten Werke feindlich. – Kommen wir aber auf Alexander; dessen Milde so groß war, daß unter anderm ihm beigelegtem Lobe auch dieß ist, daß in den vierzehn Jahren, die er regiert, kein einziger Mensch ohne Urtheilsspruch den Tod erlitten. Nichtsdestoweniger, da er dabei ganz weibisch und ein Mensch war, der sich von seiner Mutter beherrschen ließ, und dadurch verächtlich geworden, verschwur sich das Heer wider ihn, und ermordete ihn. Nehmen wir nun im Gegensatze die Eigenschaften des Commodus, des Severus, des Antonin, Caracalla und Maximinus, so werdet ihr sie im höchsten Grade räuberisch und grausam finden: um den Soldaten Genüge zu thun, enthielten sie sich keiner Art von Unbill, die sie dem Volke nur anthun konnten, und alle, ausser Severus, nahmen ein übles Ende; weil im Severus der Tugend so viel war, daß er, der die Soldaten sich zu Freunden erhielt, obschon das Volk von ihm bedrückt wurde, immer glücklich regieren konnte, da jene seine Tugenden ihn so bewundernswerth in der Soldaten, wie in des Volkes Augen machten, daß dieses gewissermaaßen betäubt und betroffen, jene zufrieden und ehrerbietig blieben. Und weil die Handlungen dieses Mannes, für einen neuen Fürsten, groß gewesen, will ich kürzlich zeigen, wie wohl er die Rolle des Fuchses und des Löwen zu spielen verstanden hat, da ich schon oben dieser Naturen Nachahmung einem Fürsten für nöthig empfohlen habe. Severus, der die Trägheit Kaiser Julian's erkannte, beredete seine Armee, die er in Slavonien befehligte, daß es wohlgetan wäre, auf Rom zu gehen, um den Tod des von den Prätorianern ermordeten Pertinar zu rächen. Unter diesem Vorwand, ohne zu thun als trachte er nach dem Reiche, führte er die Armee wider Rom, und war eher, in Italien als man noch von seinem Aufbruch erfahren. Zu Rom erschienen, ward er aus Furcht vom Senate zum Kaiser erwählt, Julian ermordet. Es blieben nach diesem Anfang nun dem Severus noch zwey Schwierigkeiten, wenn er des ganzen Staates sich bemeistern wollte; die eine in Asien, wo Niger, der asiatischen Cohorten Feldherr, zum Imperator sich ausrufen lassen, die andre im Westen, wo Albinus stand, der ebenfalls nach dem Reiche strebte. Und da er es für gefährlich hielt, sich Beiden zugleich als offenen Feind zu zeigen, beschloß er den Niger zu überfallen, und den Albinus zu täuschen, welchem er schrieb, wie er, vom Senate zum Kaiser erwählt, diese Würde mit ihm theilen wollte; schickte ihm auch den Cäsarartikel und gesellte sich ihn, auf Beschluß des Senats, zum Collegen. Albinus nahm dieß für Wahrheit an. Nach dem Severus aber den Niger besiegt und ermordet, und den Osten zur Ruhe gebracht, beschwerte er sich, nach Rom zurückgekehrt, im Senate über Albinus, wie dieser, der von ihm empfangenen Wohlthaten wenig eingedenk, ihm verrätherisch nach dem Leben getrachtet, und sehe er sich deßhalb genöthigt, aufzubrechen, um seinen Undank zu züchtigen. Ging ihm hierauf in Frankreich entgegen, und nahm ihm Herrschaft und Leben zugleich. Wer also Dessen Handlungen genau prüft, wird einen grimmigsten Löwen, und einen verschlagensten Fuchs in ihm finden, wird ihn von jedermann verehrt und gefürchtet, auch beim Heere nicht verhaßt sehen, und sich nicht wundern, wenn er, als Neuling, einen so großen Staat behaupten können, weil ihn immer sein mächtiges Ansehen vor dem Haß, den das Volk seiner Räubereien halber gegen ihn hegen mochte, schützte. Aber auch Antonin, sein Sohn, war ebenfalls ein trefflicher Mann, und hatte die trefflichsten Gaben in sich, die ihn bewundernswerth in den Augen des Volkes, und den Soldaten willkommen machten, weil er ein Kriegsmann war, der geduldigste unter allen Strapazen, Verächter jeder feineren Kost und aller anderen Weichlichkeit; weßhalb er bei allen Heeren beliebt war. Gleichwohl war seine Härte so groß, so unerhört seine Grausamkeit, da er nach einer Unzahl von Morden im Einzelnen, einen großen Theil des römischen Volks und das sämmtliche von Alexandria getödtet hatte, daß er der ganzen Welt aufs höchste verhaßt ward, und ihn selbst Die zu fürchten anfingen, welche er um sich hatte, bis er von einem Centurionen in Mitten seines Heeres entleibt ward. Wobei zu merken ist, daß dergleichen Todesfälle, die aus der Entschließung eines gehaßten, verstockten Gemüthes entspringen, kein Fürst vermeiden kann, weil Jeder es thun kann, der nichts darnach fragt, ob er sterben muß. Wohl aber braucht der Fürst sich weniger vor ihnen zu fürchten, weil sie höchst selten sind; er muß sich nur hüthen, Keinem von Denen, deren er sich bedient, und die er zum Dienst seiner Würde um sich hat, eine schwere Beleidigung zuzufügen, wie Antonin that, der einen Bruder jenes Centurionen schmählig ermordet hatte, ihn selber täglich bedrohte, und demungeachtet unter seiner Leibwache ließ; welches Verfahren tollkühn war und ihn stürzen mußte, wie auch geschah. – Kommen wir aber auf Commodus, der mit großer Leichtigkeit das Reich behaupten konnte, weil es ihm, als dem Sohne des Marcus, erblich zufiel: er durfte nur in die väterlichen Fußtapfen treten, so hätte er dem Volke, wie den Soldaten genügt. Weil er aber grausamen und viehischen Sinnes war, so legte er, um am Volke seine Raubgier auslassen zu können, sich darauf, dem Heere zu fröhnen, es übermüthig zu machen; und auf der andern Seite vergab er seiner Würde, indem er häufig in die Theater zum Kampf mit den Gladiatoren hinunterstieg, und andres Niederträchtige, der kaiserlichen Majestät Unwürdige beging; wodurch er in der Soldaten Augen gemein ward: bis endlich Haß der Einen und Verachtung der Andern wider ihn sich verschwuren, und ihn um's Leben brachten. – Es bleiben uns die Eigenschaften des Maximinus zu schildern übrig. Er war ein höchst kriegerischer Mensch, und als die Soldaten der Weichlichkeit Alexanders, von dem ich oben sprach, überdrüssig geworden waren, erhuben sie ihn nach dessen Tode zum Reich, das er nicht lange besaß, weil ihn zwey Dinge verhaßt und verachtet machten: das Eine, die Niedrigkeit seiner Herkunft, da er einst die Schaafe in Thrazien gehütet hatte, welcher Umstand überall wohl bekannt war, und ihn in aller Augen tief heruntersetzte: das Andre, daß er, der im Anfang seiner Regierung verschoben nach Rom zu gehen und vom Stuhle der Kaiser Besitz zu nehmen, sich in den Ruf der äußersten Grausamkeit gebracht, da er durch seine Präfecten zu Rom und aller Orten im Reich eine Menge Unmenschlichkeiten verüben lassen; so daß, weil alle Welt vom Ekel wegen der Niedrigkeit seines Blutes, und andern Theils vom Haß erregt war, aus Furcht vor seiner Barbarei, erst Afrika sich empörte, sodann der Senat und das ganze römische Volk, ja ganz Italien wider in aufstand, denen sein eignes Heer noch beitrat, das, eben Aquileja belagernd, diese Eroberung schwierig fand, und seiner Grausamkeit müde, auch weil es sahe viele Feinde er hatte, ihn weniger fürchtend, ihn erschlug. – Vom Heliogabalus, Macrin und Julian will ich nicht reden, die, weil sie durchaus verächtlich waren, schnell untergingen, sondern zum Schlusse dieser Verachtung übergehen und bemerken, daß die *heutigen* Fürsten diese Schwierigkeit weniger haben, auf ausserordentliche Weise den Soldaten in ihrer Regierung genug thun zu müssen; denn wenn sie auch schon einige Rücksicht gegen sie zu nehmen haben, so giebt es sich doch bald damit, da kein Einziger dieser Fürsten Heere beisammen hat, die mit der Regierung und Verwaltung der Provinzen grau geworden, wie die Heere des römischen Reiches waren; und mithin, wenn es damals Noth that, mehr die Soldaten als das Volk zu befriedigen, so war es, weil die Soldaten mehr als das Volk vermochten. Jetzt aber haben alle Fürsten – den Türken und Sultan ausgenommen – mehr nötig das Volk zufrieden zu stellen, als die Soldaten, weil das Volk mehr vermag als diese. Und zwar nehme ich den Türken davon aus, weil dieser immer zwölftausend Fußvolk und fünfzehntausend Pferde um sich hält, von denen seines Reiches Stärke und Sicherheit abhängt, und die er nothwendig, mit Nachsetzung jeder andern Rücksicht aufs Volk, sich zu Freunden erhalten muß. Von ähnlicher Art ist das Reich des Sultans; es ist ganz in der Soldaten Händen, und so muß auch er, ohne Rücksicht auf's Volk, sich *diese* zu Freunden erhalten. Und zwar ist zu merken, daß dieser Staat des Sultan's von allen andern Staaten abweicht, indem er dem christlichen Papstthum ähnelt, welches man weder ein erbliches, noch ein neues Fürstenthum nennen kann, weil nicht die Kinder des alten Fürsten Erben sind, und Herrn verbleiben, sondern Der, welcher zu dieser Würde von Denen, die dazu Vollmacht haben, erwählt worden ist: und insofern dieß eine verjährte Satzung ist, kann es nicht neues Fürstenthum heißen, weil darin keine der Schwierigkeiten sich finden, die in den neuen sind; da, wenn auch schon der Fürst neu ist, doch die Satzungen dieses Staates alt, und verfaßt sind, um ihn so aufzunehmen als wenn er ihr *erblicher* Herr wäre. Aber um wieder zur Sache zu kommen, sage ich: daß Jeder, der die obige Betrachtung erwägen will, einsehen wird, wie entweder Haß oder Mißachtung die Ursache des Untergangs der vorgenannten Kaiser gewesen, und sich zugleich überzeugen wird, woher es kam daß unter ihnen, die theils auf eine, theils auf andre entgegengesetzte Art verfuhren, in beiden derselben Einer ein glückliches Ende genommen, und die Andern ein unglückliches. Denn dem Pertinar und Alexander, als neuen Fürsten, war es unnütz und schädlich daß sie dem Marcus, der ein Erbfürst war, nachahmen wollten; und eben so ward dem Caracalla, Commodus und Maximinus die Nachahmung des Severus verderblich, weil sie nicht sattsame Tugend besaßen, um seinen Spuren nachzufolgen. Es kann deßhalb ein neu zur Regierung gelangter Fürst nicht des Marcus Handlungen nachahmen, noch ist es auch nöthig, die des Severus zu befolgen, sondern er muß vom Severus *die* Eigenschaften nehmen, die zu Begründung seines Staates nothwendig sind, und vom Marcus die, welche geeignet und rühmlich sind, um einen schon befestigten und sicheren Staat behaupten zu können.

ZWANZIGSTES KAPITEL.

Ob die Festungen und viele andere Dinge, die Fürsten öfters unternehmen, nützlich, oder schädlich sind.

Einige Fürsten haben, um sich des Staates zu versichern, ihre Unterthanen entwaffnet, andere haben die unterworfenen Städte in Parteyen getheilt erhalten, andre haben Feindseligkeiten gegen sich selbst genährt, andre sind bedacht gewesen sich Die zu gewinnen, die ihnen im Anfang ihrer Regierung verdächtig waren: einige haben Festungen angelegt, wieder andre dieselben geschleift und zerstört. Und obwohl sich über alle diese Dinge kein entscheidendes Urtheil fällen läßt so lange man nicht in das Besondere der Staaten, wo solche Beschlüsse zu fassen seyn möchten, eingeht, so will ich doch in der allgemeineren Art davon reden, die der Gegenstand an sich selbst verträgt. Man wird demnach nie finden daß ein neuer Fürst seine Unterthanen entwaffnet hätte; im Gegentheil, wenn er sie unbewaffnet fand, hat er sie immer bewaffnet; denn indem du sie waffnest, werden jene Waffen erst *dein*; es werden treu Die dir verdächtig sind, und die zuvor treu waren, bestärken sich; aus Unterthanen machst du sie dir zu Anhängern. Und da man die Unterthanen nicht *alle* bewaffnen kann, so hat man, indem man *die*, welche man waffnet, begünstigt, gegen die Anderen freyeres Spiel. Diese Verschiedenheit der Behandlung, die sie an sich bemerken, verpflichtet sie dir, und jene Andern entschuldigen dich, indem sie es als nothwendig erkennen daß, wer mehr Gefahr und Verpflichtung hat, auch mehr Verdienst haben müsse. Sobald du sie aber entwaffnest, fängst du auch an, sie zu beleidigen und zeigst daß du Mißtrauen gegen sie hast, entweder aus Feigheit oder Mangel an Glauben; und eine wie die andre dieser Meinungen gebiert dir Haß. Und da du unbewaffnet doch nicht bleiben kannst, so bist du genöthigt, auf Miethsoldaten dich einzulassen, mit denen es steht wie oben gezeigt ist. Wären sie aber auch gut, sie könnten es nicht so sehr seyn, daß sie dich gegen mächtige Feinde und zweifelhafte Unterthanen beschützen sollten. Deßhalb, wie gesagt, ein neuer Fürst einen neuen Staat erwirbt, der sich an seinen alten als Glied anschließt, dann ist es nöthig, jenen Staat zu entwaffnen, mit Ausnahme Derer, die bei Erwerbung desselben deine Anhänger gewesen sind: und auch Diese müssen mit der Zeit und gelegentlich weibisch gemacht und verweichlicht werden, und die Verfassung von der Art seyn, daß alle Waffen deines Staates in jenen deiner eignen Söldnern bestehen, die dir im alten Staate bereits zur Seite gestanden haben. Es pflegten unsre Alten und die man für weise Leute hielt, zu sagen, Pistoja müsse man durch die Parteyen, und Pisa durch die Festungen in Gehorsam halten; und nährten deßhalb in einigen ihnen ergebenen Städten die Zwistigkeiten, um sie leichter besitzen zu können. Dieß mochte zu der Zeit, da in Italien gewissermaaßen ein Gleichgewicht statt fand, wohlgethan seyn, aber heut zu Tage scheint es mir nicht als Regel empfohlen werden zu dürfen; weil ich nicht glaube daß der Zwiespalt je etwas Gutes stifte; vielmehr ist unvermeidlich, wenn der Feind sich nähert, daß die getheilten Städte schnell verloren gehen, weil immer der schwächere Theil den fremden Mächten anhängen wird, und der andre sich nicht wird behaupten können. Die Venezianer, von obigen Gründen, wie ich glaube, bewogen, unterhielten in den ihnen unterworfenen Städten die Guelfischen und Ghibellinischen Factionen, und obschon sie sie nie bis zum Blutvergießen kommen ließen, nährten sie unter ihnen doch diese Mißhelligkeiten, damit die Bürger, mit ihren Zänkereien beschäftigt, sich gegen sie nicht auflehnen möchten. Welches ihnen nachher, wie man sah, nicht zum Vortheil ausschlug; denn nachdem sie bei Vailà geschlagen waren, ermuthigte dieß die eine jener Parteyen sogleich, und sie nahmen ihnen den ganzen Staat. Es verrathen daher dergleichen Mittel nur Schwäche des Fürsten. Deßhalb man solche Spaltungen in einem kräftigen Fürstenthume nie dulden wird, weil sie allein in Friedenszeiten ersprießlich sind, da man die Unterthanen mit Hülfe derselben leichter behandeln kann. Wenn aber der Krieg kommt, zeigt diese Art ihre Trüglichkeit. – Ohne Zweifel werden die Fürsten groß, wenn sie Schwierigkeiten und ihnen geleisteten Widerstand besiegen; und darum läßt das Glück, wenn es zumal einen neuen Fürsten groß machen will, dem Erwerbung von Ansehen nöthiger als einem erblichen ist, ihm Feinde erstehen und wider ihn Anschläge fassen, damit er Gelegenheit erhalte, sie zu besiegen, und auf dieser Leiter, die seine Feinde ihm dargestellt, höher zu steigen. Und Viele sind deßhalb der Meinung, es müsse sich ein weiser Fürst, wenn er dazu die Gelegenheit hat, mit Schlauigkeit einige Feindschaft unterhalten, damit aus deren Unterdrückung ihm desto mehrere Größe erwachse. – Es haben die Fürsten, und besonders die neuen, mehr Treue und Brauchbarkeit in denen Menschen gefunden, die im Anfang ihrer Regierung für verdächtig galten, als in den vom Anfang zuverlässigen. *Pandolfo Petrucci*, Fürst von Siena, behauptete seine Herrschaft mehr durch Die, so ihm verdächtig gewesen, als durch die Andern. Aber hievon läßt sich im Allgemeinen nicht reden, da es sich nach den Personen ändert. Blos dieß will ich sagen, daß, wenn die Menschen, die im Anfang einer Regierung Feinde waren, von *der* Art sind, daß sie, um sich zu halten, einer Stütze bedürfen, jederzeit der Fürst sie mit größter Leichtigkeit für sich wird gewinnen können, und sie um so mehr ihm mit Treue zu dienen gezwungen sind, je dringender ihnen selbst erscheint, die widrige Meinung, die er von ihnen gehabt, durch Thaten auszulöschen; um so zieht immer von ihnen der Fürst mehr Nutzen als von Denen, die, mit zu vieler Sicherheit ihm dienend, fahrlässig in seinen Geschäften sind. Und weil der Gegenstand es erheischt, so will ich nicht versäumen, den Fürsten, der einen Staat von Neuem, mittelst innerer

Begünstigungen desselben, gewonnen hat, zu erinnern, daß er ja wohl erwägen wolle, was für ein Grund Die, welche ihn begünstigen, zu dieser Gunst bewogen habe: und, wenn es nicht die natürliche Neigung gegen ihn ist, sondern wäre blos darum geschehen, weil sie mit jenem Staate nicht zufrieden waren, so wird er sie mit großer Mühe und Schwierigkeit sich zu Freunden erhalten; denn er kann sie unmöglich befriedigen. Und wenn man, nach den Beispielen aus alter und neuer Zeit, hievon die Ursache wohl bedenkt, so wird man finden daß er weit leichter *die* Leute, die mit der vorigen Herrschaft zufrieden, und darum seine Feinde waren, zu Freunden erwirbt, als jene, die aus Unzufriedenheit damit, seine Freunde wurden, und ihm Gunst bei der Besitzergreifung erwiesen. – Es ist die Gewohnheit der Fürsten gewesen, zu mehrerer Sicherung ihrer Staaten Festungen anzulegen, als Zaum und Zügel Derer, die sich ihnen zu widersetzten suchen möchten, und für sich selbst als sichere Zuflucht vor einem ersten Ueberfall. Ich lobe diese Art, weil sie ein alter Gebrauch ist. Demungeachtet hat man den Herren *Nicolò Vitelli,* zu unsrer Zeit, in Città di Castello zwey Festungen *schleifen* sehen, um diesen Staat sich zu erhalten. *Guid' Ubaldo,* Herzog von Urbino, nach Rückkunft in seine Herrschaft, aus der er durch Cäsar Borgia vertrieben war, zerstörte von Grund aus alle Festen dieser Provinz, und hielt dafür, *ohne* dieselben diesen Staat schwieriger wieder einzubüßen. Die heimgekehrten *Bentivogli* hielten es eben so zu Bologna. Es sind daher die Festungen nützlich oder nicht, nach den Zeitumständen; und wenn sie dir einerseits Vorschub thun, so schaden sie dir auf der andern Seite. Und kann man diesen Punkt so fassen: der Fürst, der mehr Furcht vor'm Volk hat als vor den Fremden, muß Festungen bauen; der aber mehr Furcht vor den Fremden hat als vor dem Volke, muß sie bleiben lassen. Dem Hause *Sforza* hat das Schloß von Mailand, das Franz Sforza dort baute, mehr Krieg gekostet und wird ihm noch kosten, wie keine andre Unordnung in diesem Staate. Deßhalb ist die beste Festung, die es geben kann, vom Volke nicht gehaßt zu werden; weil, wenn du auch Festung hast, und das Volk dir gram ist, sie dich nicht erretten: da es dem Volke, wenn es die Waffen ergriffen, nie an Fremden fehlt, die ihm beistehen. In unsern Zeiten sieht man nicht daß irgend ein Fürst aus ihnen Vortheil gezogen hätte, außer die Gräfin von *Furlì,* nach dem Tode ihres Gemahls, des Grafen *Girólamo;* da sie mittelst derselben dem Andrange des Volkes entgehen, die Hülfe von Mailand erwarten und sich der Herrschaft wieder bemächtigen konnte: und die Zeiten waren damals darnach, daß der Fremde dem Volke nicht beistehen konnte. Nachmals halfen die Festungen aber auch ihr nicht viel, als Cäsar Borgia sie angriff, und ihr Volk sich mit den Fremden vereinigte. Sicherer wär es daher, so damals wie früher, für sie gewesen, nicht vom Volke gehaßt zu seyn, als Festungen zu haben. Mithin, dieß alles erwogen, so lobe ich wer Festung baut, und wer keine baut; und tadle Jeden, der, im Vertrauen auf sie, den Haß des Volkes nicht achtet.

EINUNDZWANZIGSTES KAPITEL.

Wie sich ein Fürst benehmen muß, um sich Ansehen zu verschaffen.

Nichts macht einen Fürsten so hoch geehrt als die großen Unternehmungen, und wenn er mit seltenen Beispielen vorgeht. Wir haben zu unsrer Zeit Ferdinand von Arragon, den jetzigen König von Spanien; diesen kann man beinah einen neuen Fürsten nennen, weil er, aus einem schwachen König, durch Ruf und Ruhm der erste König der Christenheit geworden ist; und betrachtet ihr seine Handlungen, so werdet ihr alle höchst bedeutend, und einige außerordentlich finden. Er bestürmte im Anfang seiner Regierung Granada, und diese Unternehmung ward seines Staates Fundament. Zuvörderst that er's aus freier Hand, und ohne Besorgniß verhindert werden; erhielt die Gemüther der Castilianischen Großen hiermit beschäftigt, die vor den Gedanken an diesen Krieg, auf keine Neuerungen dachten, und mittlerweile gewann er selber Ansehn und Einfluß über sie, ohne daß sie es inne wurden. Er konnte mit dem Gelde der Kirche und des Volkes die Truppen nähren, und diesen langen Krieg zu Begründung seiner Miliz benutzen, durch die er in der Folge zu Ehren kam. Außerdem, um sich zu größeren Dingen geschickt zu machen, legte er sich, immer die Religion vorschützend, auf eine fromme Grausamkeit, indem er die Mauren vertrieb und seinem Lande entriß: ein Beispiel, das nicht wunderbarer und seltener seyn kann. Unter demselben Vorwande fiel er in Afrika ein, unternahm den Feldzug in Italien, hat zuletzt Frankreich angegriffen, und so immer große Dinge gethan und gesonnen, die die Gemüther der Unterthanen immer gespannt, in Verwunderung, und mit dem Erfolge beschäftigt erhielten. Und diese seine Handlungen sind so von selbst auseinander entsprungen, daß sie die Menschen im Zwischenraume zwischen der einen und andern, nie zu ruhiger Widersetzlichkeit haben kommen lassen. – So frommt es auch einen Fürsten sehr, in der *inneren* Verwaltung seltene Beispiele von sich zu geben (wie man sie vom Herrn *Bernabò* in Mailand erzählt), wenn irgend jemand durch eine ungewöhnliche Handlung, gut oder böse, im Bürgerleben dazu veranlaßt, und eine Art der Belohnung oder Bestrafung zu wählen, da man lange von reden mag. Und vor allen Dingen soll sich ein Fürst befleissigen, durch jede seiner Handlungen den Ruf eines großen und trefflichen Mannes von sich zu erwecken. – Ein Fürst wird ferner geachtet, wenn er wahrer Freund, und wahrer Feind ist: das heißt, wenn er ohne alle Rücksicht sich zu Gunsten des Einen wider den Andern erklärt, welches Verfahren immer nützlicher seyn wird, als neutral zu bleiben; weil, wenn zwei mächtige Nachbarn von dir zu Streite kommen, sie entweder von der Art sind, daß, wenn einer von ihnen siegt, du den Sieger zu fürchten hast, oder nicht. In beiden dieser Fälle wird es dir immer nützlicher seyn, dich zu erklären, und guten Krieg zu führen, da im ersten Falle, wenn du dich nicht erklärst, du immer die Beute des Siegenden werden wirst, zur Schadenfreude und Satisfaction des Ueberwundnen; und nirgends wirst du ein Recht auf Schutz und Zuflucht haben, wo man dich aufnähm; weil, wer siegt, keine verdächtigen Freunde mag, und die ihm zur Zeit der Noth nicht beistehen: und wer verliert, nimmt dich nicht auf, weil du nicht mit gewaffneter Hand sein Glück mit ihm hast bestehen wollen. Nach Griechenland war Antiochus auf der Aetolier Antrieb gegangen, um die Römer heraus zu vertreiben. Es schickte Antiochus Unterhändler an die Achaier, die Freunde der Römer waren, um sie zu überreden, unthätig zu bleiben; und auf der andern Seite ermahnten die Römer sie, die Waffen für sie zu ergreifen. Diese Sache kam im Rathe der Achaier zur Sprache, wo des Antiochus Abgesandter ihnen die Neutralität empfahl. Worauf der römische Gesandte erwiederte: Was die Partie betrifft, die man für die beste und eurem Staat ersprießlichste ausgiebt, in unsern Krieg euch nicht einzulassen, so kann dem nichts zuwiderlaufender seyn, indem ihr, wenn ihr euch nicht einlaßt, ohne allen Dank noch Ehre dem Sieger zur Belohnung verfallen werdet. – Und immer wird es geschehen, daß Der von dir die Neutralität verlangen wird, der nicht dein Freund ist, und daß wer dein Freund ist, dich ersuchen wird, dich mit den Waffen zu erklären. Und meistentheils wählen die unentschlossenen Fürsten, um gegenwärtiger Noth zu entkommen, diesen neutralen Weg, und gehen auch meistentheils zu Grunde. Wenn aber der Fürst sich wacker zu Gunsten des einen Theils erklärt, und der, zu dem du dich geschlagen, siegt: so hat er, wenn er auch mächtig wär, und du in seiner Willkühr bliebest, Verpflichtung gegen dich; es ist Liebe gestiftet, und die Menschen sind nie so unehrlich, daß sie dich mit dem Beispiel eines so groben Undanks darniederdrücken sollten. Zudem sind die Siege niemals so ausgemacht, daß der Sieger keine Art von Rücksicht zu nehmen hätte, zumal auf das Recht. Wenn aber der, zu dem du dich schlugest, verliert, so findest du Zuflucht bei ihm, und so lang er kann, steht er dir bei; und du wirst Theilhaber eines Glückes, welches sich wieder erheben kann. Im zweyten Falle, die sich Bekämpfenden von der Art sind, daß du den Sieger nicht zu fürchten brauchst, dann ist es nur um so klüger gethan, Partey zu nehmen, weil du dich rüstest, Einen zu stürzen, den er mit dessen eigenem Beistand, wenn er klug wär, retten müßte, und wenn er siegt, er in deine Willkühr gegeben bleibt; und daß er nicht siegen sollte, mit deinem Beistand, nicht gedenkbar ist. Und hier ist zu bemerken, daß ein Fürst sich hüthen muß, mit einem Mächtigeren als er ist, zum Schaden eines Dritten Gemeinschaft zu machen, außer wenn ihn die Noth zwingt (wie schon oben gesagt): weil, wenn er siegt, du in seiner Willkühr bist, und die Fürsten, so lange sie können, es meiden müssen, in eines Andern Willkühr zu stehen. Die

Venezianer verbanden sich mit Frankreich gegen den Herzog von Mailand, und konnten diese Verbindung meiden, die ihres Unglücks Quelle war. Läßt sie sich aber nicht vermeiden, wie es den Florentinern ging, als der Papst und Spanien mit Heeresmacht in die Lombardey einfielen, dann muß der Fürst ihr aus den obigen Gründen beitreten. Und glaube niemals ein Staat, *sichere* Entschließungen fassen zu können, sondern sey eingedenk, daß er nur unter zweifelhaften die Auswahl hat. Denn dieß ist in der Ordnung der Dinge, daß man niemals ein Mißverhältniß zu meiden bemüht ist, ohne ein andres gefahrzulaufen; die Klugheit aber besteht darin, die Eigenschaften der Mißverhältnisse prüfen zu können, und das minder üble für gut zu nehmen. – Auch muß ein Fürst sich als Freund der Tugenden zeigen, und die Trefflichen in jeder Kunst ehren. Er muß demnächst seine Bürger ermuthigen daß sie ruhig ihre Handtierungen treiben können, sowohl im Handel als Ackerbau und allen andern Gewerben der Menschen, damit sich Dieser nicht abhalten lasse seine Besitzungen zu verschönern, aus Furcht, derselben beraubt zu werden, noch Jener ein Geschäft zu eröffnen, wegen Besorgniß der Steuern. Vielmehr muß er Belohnungen aussetzen für Die dergleichen unternehmen wollen, und für Jeden, der irgend auf eine Art seine Stadt oder Staat zu mehren gedenkt. Er muß überdieß in den schicklichen Zeiten des Jahres das Volk mit Festen und Schauspielen beschäftigen, und, da jede Stadt entweder in Zünfte oder in Stämme eingetheilt ist, muß er um diese Corporationen sich kümmern, sich zu ihnen bisweilen gesellen, mit einem Beispiel der Milde und Reichlichkeit vorgehen, immer jedoch dabei die Majestät seiner Würde fest aufrecht halten, weil dieses nie in keinem Falle versäumt werden darf.

ZWEYUNDZWANZIGSTES KAPITEL.

Von den Secretarien der Fürsten.

Von nicht geringer Wichtigkeit ist einem Fürsten die Wahl der Räthe: die gut sind oder nicht, nach der Klugheit des Fürsten: wie denn der erste Schluß auf einen Herren und dessen Kopf, sich aus der Betrachtung der Menschen ergiebt, die er um sich hat; und wenn sie tüchtig und treu sind, man ihn immer für weise halten kann, weil er die Tüchtigen zu erkennen und sich treu zu erhalten verstanden hat; da im Gegentheil, wenn sie anders sind, man immer von ihm kein günstiges Urtheil fällen kann; denn den ersten Fehler, den er machte, hat er in dieser Wahl gemacht. Niemand kann den Meßére *Antonio von Benafro* als Minister des Fürsten von Siena, *Pandolfo Petrucci*, haben kennen lernen, der nicht Pandolfo für den klügsten Menschen hätte erklären müssen, daß er just *Diesen* zum Rathe gehabt. Nun giebt es aber drey Arten von Köpfen: die erste sieht von selbst ein, die zweyte bedenkt was Andre eingesehen, die dritte sieht weder von selber ein, noch auf die Vorstellungen Andrer. Jene erste ist die trefflichste, die zweyte trefflich, die dritte unnütz. Deßhalb Pandolfo nothwendig, wenn er nicht von der ersten Ordnung war, doch in die zweyte gehören mußte: weil allemal, wenn Einer das Gute und Böse, das jemand thut und sagt, zu erkennen die Urtheilskraft besitzt, er, wenn auch selbst ohne eigne Erfindung, die bösen und guten Werke des Rathes erkennt, die einen belobt, die andern straft, und ihn der Rath mit nichten zu hintergehen hoffen darf, und sich brav hält. Wie nun aber ein Fürst den Rath erkennen kann, dafür giebt es folgendes Mittel, das niemals trügt: Sobald du siehest daß ein Rath mehr an sich selbst denkt als an dich, und daß er in allen Handlungen seinen eignen Nutzen sucht, ein solcher wird niemals ein guter Rath seyn, und niemals wirst du ihm trauen können: weil, wer eines Andern Staat in der Hand hat, nie auf sich selber, immer auf den Fürsten bedacht seyn, und ihm nie erwähnen muß was nicht *Seine* Sachen sind. Und andrerseits muß auch der Fürst, um ihn gut zu erhalten, auf den Rath bedacht seyn, indem er ihn ehrt, bereichert, ihn sich verpflichtet, ihm Würden und Aemter verleiht, damit er einsieht daß er nicht ohne ihn bestehen kann, daß die genügenden Würden, der genügende Reichthum ihn nicht nach mehreren Würden und Reichthum begierig, und die genügenden Aemter den Veränderungen abhold machen. Wenn die Räthe demnach *so* zu den Fürsten, und die Fürsten *so* zu ihnen stehen, können sie einander vertrauen: wo nicht, so wird das Ende immer für Einen von Beiden schädlich seyn.

DREYUNDZWANZIGSTES KAPITEL.

Wie man die Schmeichler fliehen müsse.

Ich will hier ein wichtiges Kapitel und einen Fehler nicht übergehen, vor welchem die Fürsten sich schwer bewahren, wenn sie nicht überaus klug, oder in ihren Wahlen sehr glücklich sind. Und dieser betrifft die Schmeichler, von denen die Höfe voll sind: da die Menschen in ihren eignen Sachen so sehr sich wohlgefallen und dergestalt damit selber täuschen, daß sie sich schwer vor dieser Pest verwahren, und, wenn sie sich davor wahren wollen, der Mißachtung sich blos zu stellen befahren müssen. Denn es giebt keinen andern Weg sich vor Schmeicheleien zu sichern, als wenn die Leute glauben daß sie dich nicht beleidigen, indem sie dir die Wahrheit sagen. Wenn aber ein Jeder die Wahrheit sagen darf, so fehlt dir die Ehrfurcht. Deßwegen muß ein kluger Fürst einen dritten Weg einschlagen, indem er aus seinem Staate weise Männer auswählt, und *diesen* allein die Freiheit, das Wahre ihm zu sagen giebt, und auch nur über solche Dinge, nach denen er fragt, und über nichts weiter: er muß sie aber nach allem fragen, und ihre Neigungen hören; sodann für sich selbst auf *seine* Weise entscheiden: und gegen diese Räthe und jeden von ihnen insbesondere sich so bezeigen, daß sie alle einsehen, je freier man spricht, um so willkommener werde es ihm seyn. Außer Diesen muß er niemand hören wollen, beschlossener Sache treu, und in seinen Beschlüssen hartnäckig seyn. Wer anders handelt, kommt durch die Schmeichler entweder zu Fall oder er zeigt sich bald so, bald anders, nach der Verschiedenheit der Bedünken, wodurch sein Ansehen vermindert wird. Ich will zu diesem Zweck ein neueres Beispiel anführen. Der Pater Provinzial *Lukas*, des jetzigen Kaisers *Maximilian* Geschäftsmann, sagte, als er auf seine Majestät zu reden kam, daß sie sich nie mit einem Menschen beriethe, und doch nie etwas nach eignem Sinne thät. Welches in seinem, dem obigen entgegengesetzten Benehmen lag. Weil der Kaiser ein verschlossener Mann ist, hört er auf Keines Meinung, vertraut Niemandem seine Pläne an; sowie sie aber bei der Ausführung kund und ruchbar werden, fangen Die, welche um ihn sind, sie zu bestreiten an, und er, nachgiebig, steht davon ab. Daher kommt es, daß er, was er den einen Tag gethan, am folgenden wieder aufhebt, und daß man nie weiß was er will oder zu thun bezweckt, und man auf seine Beschlüsse nicht bauen kann. Ein Fürst daher muß sich immer berathen, aber wenn Er will, nicht wenn die Andern wollen; ja er muß Jedem den Muth benehmen, ihm über etwas zu rathen, wenn er ihn nicht darnach fragt. Er aber muß freilich ein fleißiger Frager seyn, und sodann über die gefragten Dinge ein geduldiger Hörer des Wahren; ja, wenn er merkt daß man aus irgend einer Rücksicht es ihm nicht sagen will, sich entrüsten. Und wenn Einige glauben, ein Fürst, der sich den Namen des Klugen erworben, verdanke diese Meinung nicht seinem Charakter, sondern den ihn umgebenden guten Räthen, so täuschen sie sich ohne Zweifel, denn dieses ist ein durchgängiger Grundsatz, der niemals trügt, daß ein Fürst, der nicht von selber klug ist, nicht wohl berathen werden kann: er müßte sich denn auf's Ungefähr einem einzigen Manne überlassen, der ihn in allem leitete, und der Klügste wär. In diesem Falle könnte er zwar gut geleitet werden, es würde aber nicht lange dauern, weil dieser Leitsmann ihm in Kurzem den Staat nehmen würde. Beriethe sich aber ein unweiser Fürst mit mehr als Einem, so wird er nie *einige* Räthe haben, und durch sich selbst sie nicht einigen können. Von den Räthen wird jeder auf sich selbst bedacht seyn, und Er wird sie weder zu bändigen noch zu beurtheilen wissen. Auch kann man sie eben nicht anders erwarten, weil immer die Menschen sich schlecht nehmen werden, wenn nicht eine Nöthigung sie gut macht. Wir schließen hieraus, daß der gute Rath, wo immer er herkommt, aus der Klugheit des Fürsten entspringen muß, nicht die Klugheit des Fürsten aus dem guten Rathe.

VIERUNDZWANZIGSTES KAPITEL.

Warum die Fürsten Italien's ihre Staaten verloren haben.

Die kluge Beachtung der bisher besprochenen Dinge giebt einem neuen Fürsten das Ansehn des alten, und macht ihn im Staate bald sicherer und fester als wenn er darin heraufgekommen wäre. Denn auf die Handlungen eines erblichen, und wenn sie tugendhaft befunden werden, gewinnen sie die Menschen weit mehr, und verpflichten sie weit mehr als der alte Fürstenstamm; weil die Gegenwart weit stärker auf die Menschen wirkt als das Vergangene, und wenn sie in der Gegenwart das Wohlseyn finden, genießen sie es und suchen nichts weiter: sie werden vielmehr auf alle Weise des Fürsten Vertheidigung übernehmen, wenn er es nur im Uebrigen nicht an sich fehlen läßt: und eben so wird es ihm doppelt zum Ruhme gereichen, ein neues Fürstenthum gegründet, und es mit guten Gesetzen, guten Waffen, guten Freunden, guten Beispielen ausgestattet und befestigt zu haben, als es Jenem zu doppelter Schmach gereicht, der, als geborener Fürst, durch seine wenige Klugheit es eingebüßt hat. Und betrachtet man die Fürsten, die in Italien zu unsrer Zeit ihre Staaten eingebüßt, wie der König von Neapel, der Herzog von Mailand und andre, so wird sich an ihnen zuvörderst ein gemeinsamer Fehler zeigen, was die Waffen betrifft; aus denen Gründen, die oben ausführlich erörtert sind. Sodann wird man finden, daß manche von ihnen entweder das Volk zum Feinde gehabt, oder, wenn ihnen das Volk geneigt war, der Großen sich nicht zu versichern gewußt; weil, ohne diese Mängel, Staaten, die stark genug sind, um eine Armee in's Feld zu stellen, nicht eingebüßt werden. Philipp von Mazedonien, nicht Alexanders des Großen Vater, sondern Der, welcher durch Titus Quinctius besiegt ward, hatte keinen bedeutenden Staat, im Vergleich zur Größe der Römer und Griechen, die ihn bekämpften; demungeachtet, weil er ein Kriegsmann war, und das Volk zu unterhalten, sowie der Großen sich zu versichern wußte, bestritt er mehrere Jahre den Krieg wider sie: und wenn er auch zuletzt die Herrschaft über einige Städte verlor, so blieb ihm doch das Königreich. Darum mögen diese unsre Fürsten, die viele Jahre in Besitz ihrer Staaten geblieben waren, wenn sie sie nachmals eingebüßt, nur nicht deßhalb das Glück anklagen, sondern ihre Fahrlässigkeit: weil sie, die in ruhigen Zeiten nie an die Möglichkeit eines Wechsels gedacht, (welches die allgemeine Schwachheit der Menschen ist: bei Meeresstille des Sturmes zu vergessen), als darauf die schweren Zeiten kamen, sich zu flüchten, nicht zu vertheidigen dachten, und darauf hofften daß das Volk, vom Uebermuth der Sieger belästigt, sie wieder zurückberufen sollte. Welche Auskunft gut ist, wenn die andern versagen; aber sehr übel, um derentwillen die andern Mittel versäumt zu haben; denn man wird ja nicht fallen wollen, weil man glaubt zu finden, wer uns wieder aufhelfe. Welches entweder nicht geschieht, oder, wenn es geschieht, ohne Sicherheit für dich ist; weil eine solche Hülfe unwürdig war, und von dir nicht abhing, und nur die Hülfe gut und sicher und dauerhaft ist, die von dir selbst und deiner eignen Tugend abhängt.

FÜNFUNDZWANZIGSTES KAPITEL.

Wie viel in menschlichen Dingen das Glück vermag, und auf welche Weise man ihm begegnen könne.

Es ist mir nicht unbekannt: Viele haben die Meinung gehegt und hegen sie noch, als würden die irdischen Dinge in *der* Art vom Glücke und von Gott geleitet, daß sie die Menschen mit ihrer Klugheit nicht bessern könnten, ja selbst dagegen keinerlei Art von Widerstand hätten, und hieraus abzunehmen sey: daß man über den Dingen nicht groß schwitzen, sondern vom Loose sich müsse regieren lassen. In unsern Zeiten fand diese Meinung noch mehreren Glauben, wegen des großen Wechsels der Dinge, die man erlebt hat und noch täglich erlebt, über alle Menschen-Vermuthung. Und wenn ich dieses zuweilen bedachte, habe ich mich von gewisser Seite zu ihrer Meinung hingeneigt. Demungeachtet um unsern freien Willen nicht eingehen zu lassen, mein ich, es könne mehr wahr seyn, daß das Glück über die eine Hälfte unsrer Handlungen zu schalten habe, aber uns immer noch die andre, oder doch nicht viel weniger, zu eigner Führung überlasse. Und ich vergleiche dieß Glück mit einem jener reißenden Ströme, die, wenn sie wüthend werden, die Ebenen ersäufen, Bäume und Häuser zertrümmern, das Erdreich von dieser Seite entführen, an jene anschwemmen; jedermann flüchtet vor ihnen, alles weicht ihrem Ungestüm: da ist an Widerstand nicht zu denken. Und gleichwohl, bei aller dieser ihrer Gewaltsamkeit, hindert dieß doch nicht die Menschen, daß sie in ruhigen Zeiten nicht dagegen könnten mit Dämmen und Deichen Vorkehrungen treffen, daß sie nachher wenn sie wachsen, entweder durch einen Kanal gehen, oder doch ihre Gewalt nicht mehr so ungestüm und verderblich werde. Eben so ist es auch mit dem Glück, das seine Macht da fühlen läßt, wo keine geordnete Tugend ist, ihm zu widerstehen, und seine Stürme dahin wirft, wo es weiß daß keine Dämme noch Deiche bereitet sind, ihm Einhalt zu thun. Und wenn ihr Italien, welches der Sitz dieser Wechsel ist, betrachtet wollt, und was dazu den Anstoß gegeben, so werdet ihr finden, daß es ein Feld ohne Dämme ist und ohne irgend einigen Schutz: da, wenn es durch die gebührende Tugend geschützt worden wäre, wie Teutschland, Spanien und Frankreich, diese Ueberschwemmung die großen Wechsel, die sie gewirkt hat, nicht hätte wirken können, oder gar nicht gekommen wär. – Und dieß möge vom Widerstande gegen das Glück im Allgemeinen genug gefragt seyn. Um aber mehr auf das Besondre mich einzuschränken, sage ich: wir sehen einen Fürsten heute glücklich seyn und morgen fallen, ohne zu sehen daß er im Mindesten seine Natur noch Art geändert hätte. Dieß liegt, wie ich glaube, zunächst in denen Gründen, die wir bisher ausführlich besprochen: daß nämlich der Fürst, der sich durchaus

71

auf das Glück stützt, fällt, wenn dieses wechselt. Und ferner glaube ich, glücklich wird Der seyn, der seine Verfahrungsweise nach der Beschaffenheit der Zeiten abwägt, und eben so, unglücklich Der, zu dessen Verfahren die Zeiten nicht stimmen. Weil man bemerkt, daß die Menschen in Dingen, die sie zu ihren Zwecken führen (dergleichen Jeder vor Augen hat, als: Ruhm und Reichthum) verschiedentlich zu Werke gehen, der Eine mit Bedacht, der Andre mit Heftigkeit, der Eine mit Gewalt, der Andre mit List, der Eine mit Geduld, der Andre mit deren Gegentheil: und Jeder kann auf diesen verschiednen Wegen dazu gelangen; ja man sieht, von zwey Bedächtigen, den Einen seine Absicht erreichen, den Andern nicht; und eben so zwey verschieden Gesinnte, einen Bedächtigen und einen Heftigen, ebenmäßig glücklich seyn; was in nichts anderm als in der Beschaffenheit der Zeit liegt, die zu ihrem Benehmen entweder paßt, oder nicht paßt. Daher kommt, was ich sagte: daß zwey verschieden Handelnde einerlei Wirkung erzielen können, und daß von zwey gleich Handelnden der Eine zum Zweck kommt, der Andre nicht. Hievon hängt ebenfalls der Wechsel der Wohlfahrt ab, weil, wenn sich Einem, der mit Bedacht und Geduld verfährt, die Zeiten und Dinge darnach drehen daß sein Verfahren gut ist, es ihm glücklich geht; wenn aber die Zeiten und Dinge wechseln, so fällt er, weil er nicht sein Verfahren geändert hat. Auch findet man keinen so klugen Menschen, der sich diesem anzupassen verstünde: sowohl weil er von dem, wozu die Natur ihn hinneigt, nicht abgehen kann, als auch weil, wer sich bei Befolgung eines Weges stets wohlbefand, nicht wird zu überzeugen seyn, daß es gut sey, diesen zu verlassen; und darum der bedächtige Mensch, wenn es Zeit ist, einen Sturm zu wagen, es nicht zu thun weiß, also fällt: da, wenn er die *Natur*, mit den Zeiten und Dingen, änderte, sich das Glück nicht ändern würde. Papst *Julius der Zweyte* ging in allen seinen Unternehmungen stürmisch zu Werke, und fand die Zeiten wie die Dinge dieser seiner Weise so günstig, daß es ihm immer zum Guten gerieth. Man nehme den ersten Feldzug gegen Bologna, den er noch beim Leben des Herren *Johann Bentivogli* that. Venedig war damit unzufrieden: der König von Spanien ebenfalls hatte mit Frankreich Conferenzen über dieses Projekt. Er aber gleichwohl, mit seiner Wildheit und Ungestüm, trat in Person den Feldzug an, durch dessen Eröffnung Spanien sowohl als Venedig zum Zaudern und Stillestehen bewogen wurde: dieses aus Furcht, jenes, weil ihm darum zu thun war, das Königreich Neapel ganz wieder an sich zu bringen: und andrerseits zog er den König von Frankreich sich nach, weil dieser König, da er ihn einmal im Felde sah und ihn, um Venedig zu bemüthigen, sich befreunden wollte, ohne offenbare Beleidigung ihm seine Truppen nicht glaubte versagen zu dürfen. Somit erreichte Julius durch seinen ungestümen Aufbruch, was nie ein anderer Papst mit aller menschlichen Klugheit erreicht haben würde; da, wenn er von Rom nicht eher hätte abgehen wollen als bis die Tractaten ratifizirt, und alles und jedes in Ordnung gewesen wär, wie jeder andere Papst gethan haben würde, es ihm niemals gelungen wäre. Denn der König von Frankreich hätte tausend Entschuldigungen gehabt, und die Andern hätten ihm tausend Schrecken gemacht. Ich will seine übrigen Handlungen übergehen, da alle ähnlich gewesen, und alle ihm wohl gerathen sind, und die Kürze des Lebens ihm erspart hat, das Gegentheil zu empfinden: denn, wenn Zeiten gekommen wären, die mit Bedacht zu erfordern hätten, so wäre dieß sein Verderben gewesen; da er von jener Art und Weise, wozu er von Natur aus geneigt war, nie würde abgegangen seyn. Ich schließe daher: wenn das *Glück* sich wendet, und die *Menschen* auf ihrer Art hartnäckig beharren, so sind sie glücklich so lange beide zusammengehen, unglücklich, sobald sie aus einandergehen. Doch bin ich der Meinung, daß es besser wäre, ungestüm als bedächtig zu seyn, indem das Glück ein Weib ist, und, um es sich unterwürfig zu halten, geschlagen und bestürmt seyn will, und man bemerkt, daß es sich eher von Solchen bezwingen läßt, als von Denen, die kalt verfahren. Und deßhalb ist es immer (als Weib) der Jünglinge Freundinn, weil sie minder bedächtig, wilder sind, und ihm mit mehrerer Kühnheit gebieten.

SECHSUNDZWANZIGSTES KAPITEL.

Ermahnung, Italien von den Barbaren zu befreien.

Wenn ich nun alles bisher Gesagte erwäge, und bei mir selbst bedenke, ob in Italien gegenwärtig die Zeiten darnach gewesen sind, einen neuen Fürsten zu Ehren zu bringen, und ob darin Stoff vorhanden war, der einem Klugen und Tüchtigen Gelegenheit gäbe, eine neue Form dort einzuführen, welche ihm Ruhm, und der Gesammtheit der Landesbewohner Glück bringen könnte, so scheinen mir so viele Dinge zu Gunsten eines neuen Fürsten zusammenzutreffen, daß ich nicht wüßte, welche Zeit je hiezu geschickter gewesen wär. Und wenn, wie ich sagte, um die Tugend des Moses zu sehen, nöthig war, daß das israelitische Volk in die Knechtschaft der Aegypter gerathen mußte; wenn, um die Seelengröße des Cyrus kennen zu lernen, die Perser von den Medern unterjocht, und, damit des Theseus Werth zum Vorschein kam, die Athenienser zerstreut seyn mußten, so that es gegenwärtig noth, wenn eines *Italischen* Geistes Tugend erkannt soll werden, daß Italien *da*hingerieth, wo es nun ist: daß es ärgere Sklavinn als Judäa, unterwürfiger als die Perser, zerstreuter als die Athenienser, ohne Oberhaupt, ohne Verfassung, gestäupt verheert, berannt, zerfleischt war, und alle Arten des Verderbens über sich mußte ergehen lassen. Und wenn sich auch bisher an Diesem und Jenem ein schwacher Hauch gezeigt hat, aus dem man hätte schließen mögen, daß er von Gott zu seiner Errettung berufen wäre, hat man dennoch ihn nachher auf der höheren Bahn seiner Thaten wieder vom Glücke verstoßen gesehen: so daß es schon, wie leblos, harrt, wer es doch sey, der seine Wunden heile, der den Plagen und den Plünderungen der Lombardey, dem Erpressen und Rauben im Königreich und in Toscana ein Ende mache, und ihm helfe von jenen seinen Schäden, die die Länge der Zeit schon vereitert hat. Wir sehen, wie es zu Gott steht, daß er ihm Einen senden wolle, der es von diesen barbarischen Grausamkeiten und Freveln erlöse; wir sehen es auch ganz willig und bereit, einer Fahne zu folgen, wenn nur Einer wär, der sie ergriffe: und nirgend sehen wir, worauf es in der Gegenwart eine größere Hoffnung setzen könnte, als auf *Euer* erlauchtes Haus: welches durch seine Tugend und Glück (von Gott begünstigt und von der Kirche, deren Fürst es nun ist) sich an die Spitze dieser Erlösung stellen möchte. Und dieses wird nicht allzu schwer seyn, wenn Ihr die Handlungen und Leben jener Vorgenannten vor Augen nehmt. Zwar sind dergleichen Menschen selten und wunderwürdig; doch waren es Menschen, und Jeder von ihnen hatte geringeren Beweggrund als der jetzige ist; denn ihr Beginnen war nicht gerechter als dieses, nicht leichter, Gott war ihr Freund nicht mehr als der Euere. Hier ist hohe Gerechtigkeit; denn *der* Krieg ist gerecht, der nothwendig ist: es sind *fromme* Waffen, auf denen die *letzte* Hoffnung ruht. Hier ist die höchste Vereinwilligkeit, und es kann nicht seyn, daß da, wo diese groß ist, die Schwierigkeit groß seyn sollte, wenn sie nur Mittel ergreift, wie jene Männer, die ich Euch oben Mustern empfohlen. Zudem, so sehen wir hier ungewöhnliche beispiellose Führungen Gottes: das Meer hat sich aufgethan, eine Wolke hat Euch den Weg gezeigt, das Mitleid die Wasser ergossen; hier ist das Manna herabgeregnet: Alles hat zu Eurer Größe mitgeholfen. Das Uebrige müßt Ihr thun; Gott will nicht Alles thun, um den freien Willen uns nicht zu rauben, und *den* Theil des Ruhmes, welcher *uns* gebührt. Auch ist kein Wunder, wenn so mancher Landsmann, dessen wir früher gedacht, nicht leisten können was man von Euerm erlauchten Hause hoffen darf, und wenn, in so viel Umwälzungen Italien's, bei so vielen Kriegsbetrieben, immer scheint, daß hier die alte Soldaten-Tugend erloschen sey; weil dieß daher rührt, daß unsre alten Ordnungen nicht gut gewesen, und niemand war, der neue zu finden verstanden hätte. Nichts macht einem Manne, der neu antritt, so große Ehre, als neue Gesetze und neue Ordnungen, die er er findet. Diese Dinge, wenn sie in sich begründet sind und Größe haben, machen ihn angesehen und bewundert; und in Italien fehlt es nicht an Stoff zu Einführung jeder Form. Hier ist die Tugend der Glieder groß, sobald sie nur nicht den Häuptern entsteht. Spiegelt Euch in den Duellen und Kämpfen der Wenigen, wie die Welschen *da* an Kraft, Geschicklichkeit und Geist überlegen sind: sobald sie aber in Schlachtordnung zusammentreten, verschwinden sie; und alles kommt von der Schwäche der Häupter, weil die Klugen nicht folgen wollen, und Jeder sich klug zu seyn bedünkt, da Keiner bisher gewesen ist, der sich so hoch durch Tugend und Glück erhoben hätte, daß ihm die Andern gewichen wären. Daher kommt es, daß in so langer Zeit, in so vielen, diese zwanzig Jahre geführten Kriegen, wenn ein Heer aus lauter Italiänern bestand, es immer schlecht gefahren ist. Hievon ist Zeugniß schon der Taro, dann Alexandrien, Capua, Genua, Vailà, Bologna, Mestri. Will also Euer erlauchtes Haus jenen vortrefflichen Männern folgen, die ihre Provinzen errettet haben, so ist – als wahres Fundament jedes Beginnens – vor allem Andern nothwendig, sich mit *eignen Truppen* zu versehen, weil man keine treueren, keine echteren noch besseren Soldaten haben kann: und wenn von diesen schon jeder Einzelne gut ist, werden sie alle zusammen immer besser, wenn sie von ihrem Fürsten sich befehligt, und von Diesem geehrt und erhalten sehen. Darum ist es nöthig, auf solche Truppen sich einzurichten, um sich mit italiänischer Tugend gegen die Fremdlinge schützen zu können. Und, für wie furchtbar das schweizerische und spanische Fußvolk auch gelten mag, so haben doch beide einen Mangel, wodurch eine dritte Stellung ihnen nicht nur widerstehen, sondern sie selbst zu überwinden hoffen mag: indem die Spanier die Pferde nicht aushalten können, und die Schweizer sich vor dem Fußvolke zu fürchten haben, wenn sie im Handgemenge es eben so störrig finden, wie sie selbst sind. Man hat daher aus Erfahrung gesehen und wird noch sehen, daß die Spanier eine französische Cavallerie nicht aushalten können, und daß die Schweizer von einer spanischen Infanterie geworfen werden: und wenn man gleich von diesem letzteren Falle noch keine vollständige Erfahrung gemacht hat, so hat man davon doch eine Probe im Treffen bei Ravenna gesehen, als die spanische Infanterie mit den deutschen Schaaren sich schlug, deren Stellung die der Schweizer ist, wo die Spanier mit körperlicher Gewandtheit, und von ihren leichten Schilden gedeckt, ihnen bis unter die Piken drangen und sie ganz sicher verletzen durften, ohne daß die Deutschen es hindern konnten; und hätte die Cavallerie ihnen nicht zugesetzt, sie hätten sie alle aufgerieben. – Es läßt sich daher, wenn man die Mängel beider dieser Infan terien erkannt hat, eine neue ordnen, welche den Pferden widersteht, und vor dem Fußvolk sich nicht fürchtet; welches nicht durch die Art der Truppen, sondern durch die Veränderung der Schlachtordnungen bewirkt werden wird. Und dieß sind nun eben solche Dinge, die, neu geformt, einem neuen Fürsten zur Größe und zum Ansehn verhelfen. Man muß daher diese Gelegenheit nicht vorübergehen lassen, damit Italien, nach so viel Jahren, seinen Erlöser erscheinen sehe. Und nicht zu sagen ist es, mit welcher Liebe ihn die Provinzen alle empfangen würden, die unter dieser Fremdlingsfluth gelitten haben, mit welchem Durst der Rache, mit welcher eisernen Treue, mit welcher Frömmigkeit, welchen Thränen. Welche Thore würden sich Ihm verschließen? welche Völker Ihm den Gehorsam weigern? welcher Neid sich Ihm widersetzen, welcher Welsche Ihm zu folgen zögern? Jeden stinkt diese Barbarenherrschaft an. Ergreife demnach Euer edles Haus diese Sache mit jenem Muth und jener Hoffnung, womit gerechte Werke ergriffen werden, damit unter Seinen Fahnen dieß Vaterland verherrlicht, und unter Seinen Zeichen das Wort *Petrarka's* erfüllet werde:

Tugend greift dann zum Schwert
Wider die Wuth, und bald wird Sieg erworben
Ist doch der alte Werth
In welschen Herzen noch nicht ausgestorben.

.

www.ingramcontent.com/pod-product-compliance
Lightning Source LLC
Chambersburg PA
CBHW060517280326
41933CB00014B/3000